WOLFGANG KOCHSIEK • PRAXISHANDBUCH LEBENDGEBÄRENDE

Zuchtform von *Xiphophorus hellerii*. Foto: B. Kahl

Wolfgang Kochsiek

Praxishandbuch Lebendgebärende

Pflege, Zucht und Arten

Dähne Verlag

Fotonachweis: Alle Fotos und Grafiken, außer den namentlich gekennzeichneten, sind vom Verfasser.
Titelfoto: B. Kahl

Bibliografische Information der Deutschen Bibliothek
Die Deutsche Bibliothek verzeichnet diese Publikation in der Deutschen Nationalbibliografie; detaillierte bibliografische Daten sind im Internet
über http://dnb.d-nb.de abrufbar.

ISBN 978-3-935175-68-5
© 2011 Dähne Verlag GmbH, Postfach 100250, 76256 Ettlingen

Alle Rechte liegen beim Verlag. Das gesamte Werk ist urheberrechtlich geschützt. Jede Verwertung außerhalb der Grenzen des Urheberrechtsgesetzes ist ohne Zustimmung des Verlages unzulässig und strafbar. Das gilt insbesondere für Vervielfältigungen, Mikroverfilmungen, die Einspeicherung und Verarbeitung in elektronischen Systemen sowie für Übersetzungen.
Alle Angaben in diesem Buch sind sorgfältig geprüft und geben den neuesten Wissensstand wieder. Eine Garantie kann dennoch nicht übernommen werden. Eine Haftung des Verfassers oder des Verlages für Personen-, Sach- oder Vermögensschäden ist ausgeschlossen.

Lektorat: Ulrike Wesollek-Rottmann
Druck: Himmer AG, Augsburg
Printed in Germany

▲ *Phallychthys fairweatheri*
▼ Schwertträger – Zuchtform

Inhaltsverzeichnis

Vorwort 8

Herkunft 11

Anatomie 12

Pflege 14

Das Aquarium 14
Die Filterung 15
Die Heizung 17
Die Beleuchtung 21
Die Dekoration 23
Die Rückwand 24
Die Pflanzen 24
Wasser und Wasserwechsel 26
Die Einlaufphase 28
Das Futter 29
Gefriergetrocknetes Futter und dessen Aufwertung 31

Besatz und Vergesellschaftung 34
Regelmäßige Pflegearbeiten 36

Zucht und Aufzucht 39
    Fortpflanzung 39
    Zuchtmethoden 42
    Die Aufzucht 46
    Ein bisschen Mendel 52
    Züchterpraxis Zuchtformen 58

Krankheiten 63
    Ichthyophthirius multifiliis (Weißpünktchenkrankheit) 64
    Verpilzungen 65
    Columnaris-Krankheit 65
    Natürliche Heilmittel 65

Wildformen 68

Zuchtformen 115

Register 128

Literaturhinweise 130

Nützliche Internetseiten 132

Vorwort

Die ersten Lebendgebärenden Zahnkarpfen kamen vor über 100 Jahren in die Aquarien der Liebhaber. Es begann mit dem „Kaudi", heute wissenschaftlich als *Phalloceros caudimaculatus* beschrieben und dem „Dezi" genannten *Cnesterodon decemmaculatus*. Erst ab etwa 1907 konnten sich deutsche Aquarianer über Platy und Guppy freuen. Pionierarbeit leisteten damals unter anderem der Züchter Paul Matte und der Importeur Carl Siggelkow. Heute werden neue Arten fast ausschließlich durch Aquarianer, die Fangreisen unternehmen, eingeführt und an interessierte Züchter weitergegeben. Leider gehören die Wildformen der Lebendgebärenden Zahnkarpfen selten zum Standardsortiment des Aquarienhandels, sie werden hauptsächlich von Enthusiasten gepflegt. Zuchtformen sind dagegen in einer Vielzahl von Farb- und Körperformen bei jedem Händler zu erwerben.

Platy Calico orange

Lebendgebärende werden oft als Anfängerfische bezeichnet, was insbesondere nicht für die Wildformen zutrifft. Viele Arten sind sogar heikle Pfleglinge und stellen eine besondere Herausforderung dar. Außerdem werden die Wildformen der Poeciliiden oft als „graue Mäuse" verspottet. Dass dies ganz und gar nicht zutrifft, soll dieses Buch auch zeigen. Richtig gepflegt, vorzugsweise in einer Gruppe, stellen viele Arten eine Augenweide dar. Die Vermehrung vieler Wildformen der Lebendgebärenden Zahnkarpfen ist nicht immer so leicht wie die der meisten Zuchtformen von Guppy, Molly und Platy, aber trotzdem keine Hexerei. Natürlich sollen in diesem Buch auch die Zuchtformen nicht zu kurz kommen, der Schwerpunkt der Artbeschreibungen liegt aber bei den Wildformen.

Das Literaturangebot zu dieser Fischfamilie ist recht übersichtlich. Die meisten Veröffentlichungen stammen noch aus den 1980er-Jahren und behandeln sowohl die Wild- als auch die Zuchtformen der Poeciliiden und der Goodeiden (Hochlandkärpflinge). Um den Umfang dieses Buches nicht zu sprengen sollen ausschließlich die Poeciliiden behandelt werden. Die Informationen werden sowohl dem Anfänger als auch dem erfahrenen Aquarianer Lust machen, es mit der Pflege und Zucht von Lebendgebärenden Zahnkarpfen zu versuchen – es lohnt.

Ich habe die Pflege und Zucht von Lebendgebärenden Zahnkarpfen erst zu einem späten Zeitpunkt meiner aquaristischen Laufbahn entdeckt, und bald war meine Liebe besonders für die Wildformen geweckt. Mich interessieren sowohl die farbenprächtigen Arten wie auch die „grauen Mäuse". Da sich weder in meinem Heimataquarienverein (Wasserfloh Lemgo e.V.) noch in meiner Bekanntschaft Gleichgesinnte fanden, musste ich mir das nötige Wissen im Laufe der Jahre in Fachbüchern und -zeitschriften anlesen und natürlich eigene Erfahrungen bei der Pflege und Zucht machen. Der Eintritt in die DGLZ (Deutsche Gesellschaft für Lebendgebärende Zahnkarpfen e.V.) war dann die konsequente Fortführung meiner intensiven Beschäftigung mit den Poeciliiden. Im Laufe der Zeit lernte ich dann immer mehr Gleichgesinnte kennen, mit denen ich bis heute einen regelmäßigen Austausch pflege.

Mein Dank gilt Peter Spangenberg vom Freßnapf Bad Salzuflen für die langjährige gute Zusammenarbeit und dafür dass er mir Aquarienpflanzen und Zubehör zum Fotografieren für dieses Buch zur Verfügung gestellt hat. Ebenfalls danke ich René Henke vom Aqua-, Terraeck Henke, der mir seit Jahren aquaristisches Zubehör, Fische und Futter besorgt und auch immer ein Abnehmer meiner Nachzuchten ist sowie Gudrun und Wolfgang Friedrich von der Zierfischzüchterei Friedrich, deren wunderschöne Nachzuchten ich fotografieren durfte und die mir mit Tipps und Tricks schon oft geholfen haben.

Besonderer Dank gilt meiner Frau Bettina. Ohne ihr Verständnis für dieses zeitintensive Hobby und ihre Hilfe bei der Fütterung der Jungfische könnte ich dieses Steckenpferd nicht mit der Leidenschaft ausüben wie ich es seit nunmehr fast 20 Jahren tue.

Wolfgang Kochsiek
Oerlinghausen, August 2010

von oben:
Endlers Guppy
„White Scarlet".

Männchen von
Phallichthys fairweatheri
in Prächtfärbung.

▲ Männchen von *Xiphophorus montezumae*.
▼ Prachtvoll gefärbter Endlers Guppy „Red Scarlet".

Herkunft

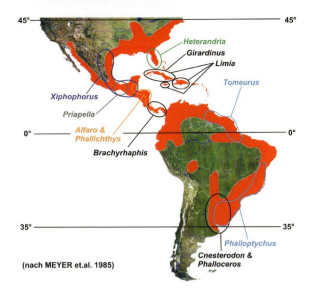

(nach MEYER et.al. 1985)

Lebendgebärende Zahnkarpfen haben ihren natürlichen Lebensraum auf dem amerikanischen Kontinent zwischen 45° nördlicher Breite und 35° südlicher Breite. Sie bewohnen die küstennahen Bereiche Nord-, Mittel- und Südamerikas sowie die karibischen Inseln. Die meisten leben in Mittelamerika von Mexiko bis Panama und auf den großen und kleinen Antillen, wo sie in unterschiedlichsten Wasserverhältnissen vorgefunden werden. Sie bewohnen sowohl stehende als auch fließende Gewässer mit sehr warmen Temperaturen bis zu 30° C, als auch kalte Gewässer unter 20° C. Man findet Poeciliiden in trüben und klaren Lebensräumen, in sehr mineralarmen Gewässern und auch im harten Brackwasser der Flussmündungen, einige Arten schwimmen sogar bis ins offene Meer. Folglich haben die meisten Arten eine hohe Anpassungsfähigkeit, die auch im Aquarium die Pflege vereinfacht. Laut Meyer et al. sind nahezu dreißig Prozent aller Poeciliiden auch an Meerwasser zu gewöhnen, fünf Prozent leben ständig im Brackwasser und drei Prozent leben bevorzugt im Meerwasser. Einige Arten werden sowohl im Süß- als auch im Brackwasser angetroffen. Die Mehzahl lebt jedoch in weichem bis mittelhartem Wasser.

Lebendgebärende Zahnkarpfen halten sich bevorzugt im flacheren Wasser auf. In Gewässern mit wenigen Wasserpflanzen sind sie meist bodenorientiert und suchen Deckung im überhängenden Uferbereich und zwischen Steinen. Ist jedoch starker Pflanzenwuchs vorhanden, werden alle Wasserbereiche als Lebensraum genutzt. Viele Arten, insbesondere der Gattungen *Poecilia* und *Gambusia*, leben in stark veralgten Gewässern. Leider wurden in den vergangenen Jahrzehnten immer wieder Arten weltweit zur Moskitobekämpfung ausgesetzt. Die behandelten Gattungen finden sich bevorzugt in den folgenden Herkunftsgebieten (siehe Grafik).

Mexiko: Schwertträger, Segelkärpflinge, *Priapella*-Arten
Florida: *Heterandria*
Karibische Inseln: *Limia, Girardinus, Quintana*
Südliches Südamerika (Uruguay, Paraguay): *Cnesterodon, Phalloceros, Phalloptychus*
Nördliches Südamerika: *Tomeurus, Micropoecilia*, Guppy
Guatemala, Honduras, Nicaragua, Costa Rica und Panama: *Brachyrhaphis, Gambusia*

Anatomie

Bei diesem Weibchen von *X. xiphidium* ist der Reifefleck deutlich zu sehen.

unten von links:
Kurzes Gonopodium von *Xiphophorus hellerii*

Oberständiges Maul

In der Familie der Lebendgebärenden Zahnkarpfen gibt es sehr kleine Arten, die nur eineinhalb Zentimeter Länge im männlichen Geschlecht erreichen. Die größten Arten können bis zu zwanzig Zentimeter lang werden. Als Anpassung an ihre Ernährungsweise – ein Großteil der Nahrung besteht aus Anflugnahrung (Fluginsekten, die knapp über der Wasseroberfläche fliegen oder ins Wasser fallen) – besitzen die Lebendgebärenden Zahnkarpfen ein oberständiges Maul (Unterlippe steht über der Oberlippe). Die Männchen aller Arten bilden mit Erreichen der Geschlechtsreife ein, je nach Art kurzes bis sehr langes, Gonopodium aus. Dabei handelt es sich um die zu einem Begattungsorgan umgebildete Afterflosse. Es wird aus dem dritten bis fünften Flossenstrahl gebildet und durch das Skelett gestützt. Der komplette Umbildungsprozess dauert etwa vier Wochen. Das Gonopodium bildet eine Art Rinne für die Übertragung der Spermien, ist normal angelegt und bei den meisten Arten sehr beweglich. Es kann bis zu 180 Grad nach schräg vorne links oder rechts abgespreizt werden (im Alter sind die Männchen meist seitenspezialisiert) und besitzt an der Spitze, je nach Gattung unterschiedlich geformte Widerhaken (siehe auch

Kapitel Fortpflanzung), die der Verankerung bei der Kopulation dienen, was bei den Weibchen zu mehr oder weniger starken Verletzungen führen kann.

Die Weibchen der meisten Arten zeigen im Afterbereich auf beiden Seiten einen mehr oder weniger großen Reifefleck. Dieser wird in der Literatur meistens als Trächtigkeitsfleck bezeichnet, obwohl er die Trächtigkeit des Weibchens gar nicht anzeigt. Ein weiteres markantes äußeres Merkmal ist bei einigen Arten eine segelartig ausgebildete Rückenflosse. Viele Arten der Gattung *Xiphophorus* besitzen darüber hinaus einen Schwertfortsatz in der Schwanzflosse. Dieser kann von wenigen Millimetern bis etwa sieben Zentimeter lang sein.

rechts von oben:
Segelartig ausgebildete Rückenflosse von *Poecilia velifera*.

Langes Gonopodium mit Widerhaken bei *Girardinus metallicus*.

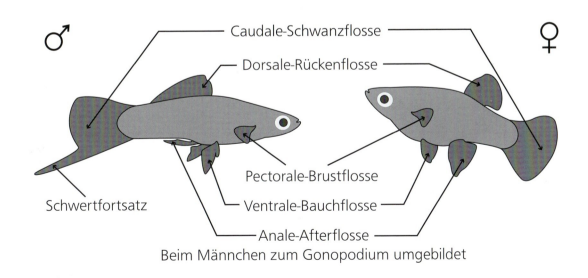

♂ — Schwertfortsatz — Caudale-Schwanzflosse — Dorsale-Rückenflosse — Pectorale-Brustflosse — Ventrale-Bauchflosse — Anale-Afterflosse — ♀
Beim Männchen zum Gonopodium umgebildet

Pflege

Das Aquarium

Für die Pflege Lebendgebärender Zahnkarpfen empfiehlt sich ein Vollglasaquarium, dessen Größe auf die zu haltenden Arten abgestimmt sein sollte. Ein Kleinaquarium mit einem Inhalt von etwa 54 Litern (60 x 30 x 30 cm) eignet sich zur Pflege einer kleinen Gruppe kleinbleibender Arten wie Guppys und Zwergkärpflingen. In mittelgroßen Aquarien mit einem Volumen von etwa 112 Litern können Platys und Mollys erfolgreich gepflegt werden. Für große Poeciliiden, wie Segelkärpflinge und große Schwertträger, sollte das Becken möglichst 250 Liter Fassungsvermögen besitzen. Solche Aquarien haben zusätzlich den Vorteil stabilerer Wasserwerte. Eine Abdeckung ist zur Pflege vieler Arten unbedingt erforderlich. Dadurch hindert man sie daran, mit einem beherzten Sprung das Aquarium zu verlassen und darüber hinaus ist dort meist die Beleuchtung integriert. Kleine, 20 Liter fassende Becken sind darüber hinaus für die Aufzucht von Jungfischen notwendig.

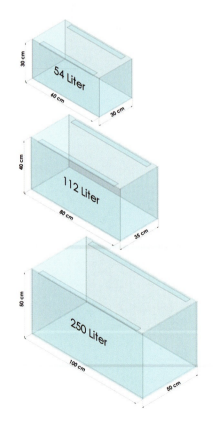

Ein Vollglasaquarium mit Bodengrund, Dekoration und Wasser kann ein beträchtliches Gewicht besitzen. So wiegt ein 112 Liter fassendes Aquarium mit den Maßen 80 x 35 x 40 cm ungefähr 140 kg. Dies ist für einen normalen Schrank oder ein Regal oft schon zu viel. Spezielle im Fachhandel erhältliche Unterschränke sind hier das geeignete Möbel. Eine dünne Styroporplatte verhindert schädliche Punktbelastungen, die zum Bruch der Bodenscheibe führen können. Als Aufstellort sollte immer eine fensterabgewandte Position gewählt werden, um übermäßige Algenbildung zu verhindern.

Bei größeren Aquarien mit über 500 Litern Inhalt, muss man sich außerdem Gedanken über die maximale Bodenbelastung des Wohnraumes machen, hier ist ein Architekt hilfreich.

Mein Hobbyraum

Als sich die Aquarien immer weiter im Wohnzimmer auszubreiten drohten, musste ein eigener Raum für das Hobby her. Hierzu bot der Heizungsraum im Keller die besten Voraussetzungen. Da ich eine Gasheizung besitze, war genug Platz für die Planung einer großzügigen Pflege- und Zuchtanlage vorhanden. Zunächst wurde der komplette Keller verfliest und die notwendigen Abflussrohre verlegt. Die Installation der Wasserrohre und eines Spülbeckens überließ ich einem Installateur. Bei der Planung der Stellagen und deren Berechnung (Rohrquerschnitte) konnte ich dann wieder selbst aktiv werden. Aus großzügig dimensionierten Stahlrohren ließ ich mir anschließend vier große Gestelle zusammenschweißen, die insgesamt für zwanzig kleine (45 Liter) bis große (580 Liter) Aquarien Platz boten. Als Unterlage verwendete ich 19 Millimeter starke und rundherum versiegelte Spanplatten, auf die zusätzlich zehn Millimeter dicke Styroporplatten geklebt wurden. Die Aquarien wurden mit Abdeckscheiben ausgerüstet. Nach dem Aufstellen aller Aquarien verlegte ich als Wasserzulauf eine Ringleitung aus verklebtem PVC-Rohr über die großen Becken. Jeweils ein T-Stück, ein Stück PVC-Rohr und ein Kugelhahn gestatten jetzt den individuellen Wasserzulauf zum gewünschten Aquarium.

Eines von vier Regalen mit unterschiedlich großen Aquarien.

Die Filterung

Die Hauptaufgabe eines Filters besteht in der Beseitigung von Schweb- und Trübstoffen. Zusätzlich erzeugt er eine, je nach Bauart, mehr oder weniger starke, Strömung, die für die erfolgreiche Pflege einiger Arten durchaus wichtig ist. Der oberflächennahe Austritt des Filterstromes bringt zusätzlich eine Verbesserung der Sauerstoffversorgung mit sich. Eine weitere Aufgabe ist die biologische Filterung: Hierbei werden die Stickstoffverbindungen, die durch verwesende Futterreste, Kot und zersetztes Pflanzenmaterial entstehen, abgebaut beziehungsweise in ungefährliche Verbindungen umgewandelt. Die hierfür verantwortlichen Bakterien benötigen eine große Besiedelungsfläche und sollten nicht durch zu häufiges Auswaschen des Filtermaterials in ihrer Arbeit

Dieses 3D-Modell zeigt die Verrohrung zweier Aquarien.

Kugelhahn
Ansaugrohr mit Korb

Wasserzulauf

Wasserablauf zum Kanal

Aquarium mit in der hinteren Ecke positioniertem HMF.

Modell eines elektrisch betriebenen Innenfilters.

Zwei dieser Kolbenkompressoren erzeugen die Luft für die komplette Anlage.

gestört werden. Diese Aufgabe wird von den verschiedenen im Fachhandel erhältlichen oder auch selbst gebauten Filtertypen unterschiedlich gut erledigt. Je länger ein Filter ungestört in Betrieb ist, umso besser ist die biologische Filterung, weshalb ich meine Filter erst säubere, wenn der Filterstrom merklich nachlässt. Um die Bakterienfauna zu schonen, sollte das Auswaschen mit lauwarmem Wasser geschehen. Besitzt der Filter mehrere Patronen beziehungsweise Filtereinsätze, wird immer nur einer gesäubert. Ob man nun einen elektrisch betriebenen Innenfilter, einen Topffilter oder einen luftbetriebenen Patronenfilter verwendet, ist jedem selbst überlassen. Im Aufzuchtbecken haben sich die luftbetriebenen Filter wegen ihres sehr geringen Sogs besonders bewährt.

Ein sehr gutes Eigenbausystem ist der Hamburger Mattenfilter (HMF). Hierbei wird eine Aquarienseite oder eine Ecke mit einer Schaumstoffplatte abgeteilt. Im dahinter entstehenden Raum wird eine elektrisch betriebene Pumpe oder ein Luftheber installiert. Das Wasser wird über die gesamte Fläche der Schaumstoffmatte angesaugt und durch ein Loch im oberen Teil zurück in den Hälterungsbereich des Aquariums befördert. Die gesamte Matte, mit ihrer riesigen Oberfläche, dient hier als Filter. Gute Informationen über die Funktionsweise und die Auslegung eines solchen Filters findet man im Internet bei http://www.deters-ing.de.

Meine Filteranlage

Meine komplette Pflege- und Zuchtanlage ist mit luftbetriebenen Filtern ausgestattet. Hierzu wurde über den Stellagen eine Ringleitung aus 20-Millimeter-PVC-Rohr verlegt. Die Lufterzeugung übernehmen zwei Medo-Kompressoren, die jeweils 1.680 Liter Luft pro Stunde pumpen und mit je 29 Watt relativ wenig Strom verbrauchen. Einer dieser Kompressoren schafft die Versorgung meiner kompletten Anlage sogar alleine. Der zweite ist sozusagen als Sicherheit für einen eventuellen Ausfall installiert worden, erhöht aber natürlich die Luftmenge in der Anlage und bietet genug Reserve für weitere Aquarien. Laut Herstellerangaben sollte der Kolben der Medo-Kompressoren einmal im Jahr gewechselt werden. Aufgrund der nun jahrelangen Erfahrung in meiner Anlage, wechsle ich zur Zeit nur alle drei Jahre.

Über jedem Aquarium ist in das Rohrsystem eine Verschraubung eingeklebt worden. Über ein mit Feingewinde regulierbares Edelstahlventil leitet ein 5-Millimeter-Schlauch die Luft zu den Filtern. In den großen Aquarien verrichten Mehrröhrenfilter ihre Arbeit. Die kleinen Becken werden mit Patronenfiltern betrieben. Die Mehrröhrenfilter haben eine sehr hohe Standzeit. Einzelne Röhren werden in Intervallen von bis zu sechs Monaten gesäubert. Die Schwämme der Patronenfilter werden gesäubert und abwechselnd etwa alle vier Wochen ausgetauscht. Gewaschen werden sie in einer herkömmlichen Waschmaschine bei 50 °C und 600 Umdrehungen pro Minute, etwa eineinhalb Stunden lang ohne Waschmittel. Die Mehrröhrenfilter lassen sich zusätzlich mit weiteren Filtermaterialien bestücken. Siporax leistet mit seiner riesigen inneren Oberfläche ebenfalls sehr gute Dienste.

Von hier wird ein Teil der erzeugten Luftmenge den Aquarien zugeführt.

Die Heizung

Poeciliiden aus Uruguay und Paraguay benötigen Temperaturen zwischen 18 °C und maximal 25 °C. In geheizten Zimmern lassen sie sich ohne zusätzliche Heizung problemlos pflegen. Die meisten Lebendgebärenden Zahnkarpfen werden bei Wassertemperaturen zwischen 24 °C und 28 °C gepflegt. Hier ist eine Heizung erforderlich. Das Erscheinungsbild vieler Männchen ist sogar von der Wassertemperatur abhängig. So entwickeln sich bei Schwertträgern der Gattung *Xiphophorus*, wenn die Wassertemperaturen höher sind, bevorzugt sogenannte Frühmännchen. Diese werden früh geschlechtsreif und bleiben relativ klein. Bei maximal 24 °C entwickeln sich dagegen prachtvolle und große Männchen.

Neben der seltener zum Einsatz kommenden Bodenheizung ist der Regelheizer das verbreitete Gerät, um die gewünschte Wassertemperatur zu erzeugen. Da viele Regelheizer nur über

Handelsüblicher Regelheizer in angenehm kurzer Bauform

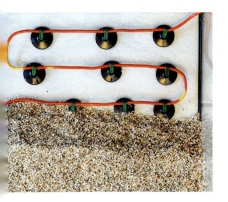

Eine Bodenheizung fördert den Pflanzenwuchs.

▲ Platy Weiß-Rotschwanz-Wagtail
▼ Platy Mickymaus-Rot

▲ Guppy Triangel-Moskau
▼ Platy Batman-Rotrücken

eine unbefriedigende Einstellmöglichkeit verfügen, sollte zur Kontrolle ein Thermometer an der Innenseite des Aquariums angebracht werden. Ich dimensioniere meine Regelheizer von der Leistung her möglichst knapp. Dadurch schalten sie nicht zu häufig und bei einem Schaden des Reglers kommt es nicht zur Überhitzung des Wassers, was zur Folge hätte, dass die Fische unbeabsichtigt gekocht werden. Für die vorher genannten drei Beckengrößen empfehlen sich beim Betrieb in einem normal geheizten Wohnzimmer von 20 bis 22 °C und einer aufzuheizenden Temperaturdifferenz von maximal 6 °C – folgende Regelheizer.

- 54 Liter (60 x 30 x 30 cm) 25 Watt
- 112 Liter (80 x 35 x 40 cm) 50 Watt
- 250 Liter (100 x 50 x 50 cm) 75 Watt

Meine Aquarienheizung

Für die Wahl des Standortes der Aquarienanlage und die Art der Beheizung der Aquarien ist der Energiespargedanke ausschlaggebend gewesen. Der Heizungsraum im Keller hat bereits eine Grundtemperatur, die aber leider noch nicht ausreichend ist. Deshalb habe ich zusätzlich noch einen Heizkörper installieren lassen. Über das Heizkörperventil stelle ich eine Raumtemperatur von 27 °C ein (gemessen auf Zweidrittel der Raumhöhe). Im Raum herrscht ein natürliches Temperaturgefälle von oben nach unten. Über diese Temperaturverteilung werden die Aquarien unterschiedlich stark temperiert. Die Aquarien im unteren Bereich erreichen eine Wassertemperatur von 23 bis 24 °C. Die mittleren kommen auf etwa 25 °C und die oberen Becken erreichen 26 bis 27 °C. So ist es möglich, den Bedürfnissen einzelner Arten gerecht zu werden. Nur da, wo diese Temperatur nicht ausreicht (Zucht einiger L-Welse und Pflege einiger südamerikanischer Buntbarsche), kommt zusätzlich ein Regelheizer zum Einsatz. Ein weiterer großer Vorteil bei der Beheizung über die Raumtemperatur ist die Tatsache, dass kaum Aquarienwasser verdunstet. Das hat zur Folge, dass die Gestelle nicht rosten und weder Stockflecken noch Schimmel im Hobbyraum entstehen. Auch für den Menschen ist eine normale Luftfeuchtigkeit (etwa 60 Prozent) trotz einer Raumtemperatur von 27 °C angenehmer zu ertragen.

Die Beleuchtung

Art und Intensität der Beleuchtung ist für die Pflege der meisten Arten von Poeciliiden von untergeordneter Bedeutung. Für ein schön bepflanztes Aquarium mit mehr oder weniger lichthungrigen Wasserpflanzen sollte man sich allerdings doch einige Gedanken über die Beleuchtung machen. Grundsätzlich gibt es neben den am häufigsten eingesetzten Leuchtstofflampen (meist Leuchtstoffröhre genannt) noch die Möglichkeit, Quecksilberdampf-Hochdrucklampen (HQL), Halogen-Metalldampflampen (HQI) und neuerdings auch LED-Lampen einzusetzen. Da für die Pflege von Lebendgebärenden Zahnkarpfen in der Regel Aquarien mit einer maximalen Beckenhöhe von 50 cm zum Einsatz kommen, ist eine Beleuchtung mit HQI oder HQL aus Gründen der Beleuchtungsstärke kein Argument. Handelsübliche Leuchtstofflampen mit der Farbe Neutralweiß sind hier meist vollkommen ausreichend. Die Benutzung spezieller Farbtöne führt oft zu ungewollter Algenbildung oder auch einer unnatürlichen Wiedergabe der Farben unserer Pfleglinge.

Handelsübliche HQL-Leuchten wie sie für offene Becken gerne genommen werden.

Mit Hilfe einer Zeitschaltuhr wird die Beleuchtungsdauer auf 11 bis 12 Stunden eingestellt. Die T8-Leuchtstofflampen sollten spätestens nach 24 Monaten erneuert werden. Leuchtstofflampen der neuen Generation T5 haben einen höheren Wirkungsgrad und können über die komplette Lebensdauer genutzt werden.

Handelsübliche Abdeckung mit Leuchtstofflampe.

Der Aquarianer, der Wert auf ein schönes, auch mit lichthungrigeren Pflanzen besetztes, Aquarium legt, sollte da natürlich etwas mehr in die Beleuchtung investieren. Hier sind dann auch andere Farben und Kombinationen verschiedener Farben sinnvoll. Zu diesem Thema ist aber sehr viel Literatur vorhanden.

Feuchtraumleuchtbalken in meiner Anlage.

Meine Beleuchtungsanlage

Um auch hier Energiekosten einzusparen, werden bei mir teilweise mehrere Aquarien mit nur einer Leuchtstofflampe beleuchtet. Feuchtraumleuchtbalken mit je nur einer Lampe von 18 oder 36 Watt bestückt, reichen bei einer Bepflanzung mit Arten, die nur einen geringen Lichtbedarf haben, in meiner Anlage vollkommen aus. So genannte Unterbauleuchten mit 8 oder 13 Watt beleuchten bis zu 4 kleine Aquarien mit 45 bis 54 Litern Inhalt. Einige kleine Becken zur Aufzucht werden sogar nur durch das Raumlicht aufgehellt. Mit Algen habe ich in meiner Anlage noch nie Probleme gehabt, was zum Teil auch an der geringen Lichtstärke liegt. Beleuchtet wird die komplette Anlage ohne Pause von 10.30 bis 20.00 Uhr. Als Lichtfarbe hat sich Neutralweiß, wie es in jedem Baumarkt günstig zu bekommen ist, als völlig ausreichend erwiesen. Auch bei dieser unspektakulären Beleuchtung gedeihen bei mir viele nicht allzu lichthungrige Pflanzen wie Anubias, Cryptocorynen und Javafarn prächtig. Die Steuerung wird durch digitale Zeitschaltuhren geregelt.

Trotz spärlicher Beleuchtung ist der Pflanzenwuchs sehr gut.

Die Dekoration

Bei der Einrichtung eines Artenbeckens für Lebendgebärende Zahnkarpfen kann man im Großen und Ganzen – wie auch beim Gesellschaftsaquarium – nach seinem persönlichen Geschmack verfahren. Als Bodengrund empfehle ich einen Quarzkies mit zwei bis drei Millimetern Körnung, der mindestens vier bis fünf Zentimeter hoch aufgeschüttet werden sollte. Sand (Korngröße unter zwei Millimeter) ist entgegen vieler anders lautender Veröffentlichungen als Bodengrund auch in einem Aquarium mit Pflanzen sehr gut geeignet. Feste organische Teilchen können nur in sehr geringen Teilen in den feinporigen Bodengrund eindringen, was die Entstehung von Fäulnisherden vermindert. Die gelösten Nährstoffe können dagegen immer noch zu den Wurzeln gelangen. Zu grober Kies wiederum lässt wichtige Pflanzennährstoffe durch das ungehinderte Eindringen des Sauerstoffs oxidieren, wodurch der Pflanzenwuchs stagniert. Der Bodengrund sollte nicht scharfkantig sein (bodenorientierte und gründelnde Fische könnten sonst an Maul und Barteln verletzt werden), er sollte kalkfrei und frei von chemischen Zusatzstoffen sein und vor dem Einbringen ins Aquarium gründlich ausgewaschen werden. Für einen prachtvollen Pflanzenwuchs empfiehlt sich die Beimischung nährstoffhaltiger Bodenzusätze wie sie im Handel erhältlich sind. Viele Fische kommen über einem dunklen Bodengrund farblich besser zur Geltung.

Für dekorative Aufbauten eignen sich Steine, die natürlich keine chemischen Stoffe und Härtebildner ans Wasser abgeben sollten, die man preiswert im Baustoffhandel erwerben oder bei einem Sonntagsspaziergang in der Natur aufsammeln kann. Ist man bei der Auswahl im Zweifel, sollte man sie letztlich lieber im Zoofachhandel erwerben. Bei den Hölzern eignen sich Moorkienholz, Mooreiche

Moorwurzeln und Mopaniholz eignen sich hervorragend zur Dekoration.

Pagodensteine (auch Elefantensteine genannt) sehen erst nach Wochen im Aquarium besonders gut aus.

Steine zur Dekoration.

und Mopaniholz am besten. Diese sollten vor dem Einbringen ins Aquarium unbedingt mehrfach mit heißem Wasser übergossen und dann mindestens zwei Wochen in einer Wanne gewässert werden. Aus Ton gefertigte Imitate bergen nicht die Gefahr der Einschleppung von Krankheitskeimen, färben auch das Wasser nicht ein, wirken aber bei Weitem nicht so natürlich wie eine schön gewachsene Wurzel. Als Dekorationsgegenstände eignen sich darüber hinaus Terrassensteine, Schieferplatten, Pagodensteine und Lavagestein, die Auswahl im Handel ist hier sehr groß.

Die Rückwand

Die Rückwand kann man auf viele verschiedene Arten gestalten. Die preiswerteste und auch einfachste Möglichkeit ist das äußere Anstreichen der rückwärtigen Aquarienscheibe mit Dispersionsfarbe. In der Regel deckt erst der dritte Anstrich richtig gut. Eine bedruckte Folie, wie sie im Zoofachhandel mit zahlreichen Motiven erhältlich ist, ist ebenfalls eine einfache Möglichkeit. Als Material für den Selbstbau eignet sich Styrodur (auch als Roofmate bezeichnet) sehr gut. Mit Cuttermesser und Heißluftfön modelliert und mit Abtönfarbe farblich gestaltet, kann man seiner Fantasie freien Lauf lassen. Eine sehr attraktive, aber leider auch platzraubende und nicht ganz günstige Lösung, ist der Einbau einer naturnah modellierten Fertigrückwand, wie sie inzwischen von mehreren Firmen hergestellt wird.

Die Pflanzen

Pflanzen erfüllen in einem Aquarium verschiedene Aufgaben. Durch die Assimilation der Wasserpflanzen während der Beleuchtungsphase wird dem Wasser zusätzlich Sauerstoff zugeführt. Einige Arten sind in der Lage,

Rückwandbaukastensystem von Back to Nature.

In diesem reinen Pflanzenbecken lassen sich natürlich auch Lebendgebärende Zahnkarpfen pflegen.

antibiotische Wirkstoffe ans Wasser abzugeben, wie die Untersuchung von H. Bocker und H. Thrum zeigte, die 1967 bei *Myriophyllum spicatum* eine antibiotische Wirksamkeit gegen viele Bakterien feststellten. Weiterhin dienen Pflanzen den Fischen als Schutz. Feinfiedrige Arten eignen sich besonders bei der Zucht und Aufzucht der Poeciliiden im Gesellschafts- oder Artenbecken, im Zuchtbecken und auch im Aufzuchtaquarium. Ein intensiver Pflanzenwuchs entzieht dem Wasser überschüssige Nährstoffe und damit den ungeliebten Algen ihre Lebensgrundlage.

Bei der Bepflanzung des Aquariums sollte man nicht zu sparsam sein. Großwüchsige Pflanzen für den Hintergrund, Solitärpflanzen im mittleren Bereich und kleinwüchsige Arten für den Vordergrund ergeben eine attraktive und sinnvolle Bepflanzung. Wichtig ist ein ausreichender Schwimmraum für die Fische. Die regelmäßige Pflege des Pflanzenbestandes beschränkt sich auf wenige Maßnahmen. Beim Einkürzen der Stängelpflanzen wird der obere Teil abgeschnitten und wieder in den Bodengrund eingepflanzt. Angefaulte Blätter werden abgeschnitten. Zu dichte Pflanzenbestände werden ausgelichtet.

Verschiedene Pflanzenarten und ihre speziellen Pflegebedingen können nicht Thema dieses Buches sein, hier gibt es im Handel ausführliche Literatur.

Viele schnellwüchsige Aquarienpflanzen reduzieren die Schadstoffbelastung in einem Aquarium.

Wasser und Wasserwechsel

Ganz wichtig für eine artgerechte Pflege unserer Lieblinge ist die Einhaltung der richtigen Wasserwerte. Für die meisten Wildformen der Lebendgebärenden Zahnkarpfen ist ein mittelhartes bis hartes Wasser (10° dGH bis 20° dGH) zu empfehlen. Für wenige Arten aus südamerikanischen Weichwassergebieten ist die Pflege in weichem Wasser besser geeignet. Der pH-Wert sollte neutral bis alkalisch sein (pH 7 bis 8). Die von mir gepflegte Wildform des Guppy scheint diesbezüglich sehr anpassungsfähig zu sein. Ich pflege sie sowohl in Leitungswasser (Leitfähigkeit über 700 µS/cm, pH-Wert 7,5 bis 8) als auch in Zuchtbecken von L-Welsen mit Leitfähigkeiten von unter 150 µS/cm und einem pH-Wert von teilweise unter 5. Das Wasser sollte nur schwach bis gar nicht mit Stickstoffverbindungen belastet sein. Ein regelmäßiger Wasserwechsel reduziert die belastenden Stoffe auf ein Minimum. In der Regel reicht ein 30-prozentiger Austausch mit leicht temperiertem Wasser alle vierzehn Tage. Bei dichterem Besatz, vor allen Dingen in den Aufzuchtbecken, ist ein- bis dreimal wöchentlich ein Wasserwechsel von 30 bis 50 Prozent zu empfehlen. Einige Arten (zum Beispiel aus der Gattung *Girardinus*) reagieren empfindlich auf größere Veränderungen der Wasserwerte. Hier sollten lieber häufigere Wasserwechsel mit kleinen Mengen (10 bis 15 Prozent) durchgeführt werden.

Beim Wasserwechsel ist etwas Vorsicht geboten: Das Aquarienwasser darf niemals mit dem Mund angesaugt werden. Etwaige Krankheitserreger könnten beim Verschlucken des Wassers zu Übelkeit und Durchfall führen und in schlimmen Fällen kann das *Mycobacterium ssp.* in den Körper gelangen. Diese bei Fischen Fischtuberkulose auslösen-

Leitfähigkeits-Taschenmessgerät

Ansaughilfen.

Tropftest zur Bestimmung der Karbonathärte (°dKH).

den Bakterien sind auf den Menschen übertragbar (was ich leider schon am eigenen Leibe erfahren habe) und müssen gegebenenfalls wochenlang mit Antibiotika behandelt werden. Um solche Risiken zu umgehen, gibt es im Zoofachhandel so genannte Ansaughilfen.

In vielen Gegenden Deutschlands ist das Leitungswasser nicht unbehandelt für den Einsatz im Aquarium geeignet. Um Risiken auszuschließen empfiehlt sich beim Befüllen des Beckens der Einsatz eines Kohle-Blockfilters, wie er von mehreren Herstellern angeboten wird. Ein solcher Filter, mit einer Patrone aus gepresstem Aktivkohlestaub, beseitigt Wassertrübungen, die durch Keime, Bakterien, Algen und andere Schwebstoffe entstehen. Medikamente können im Online-Betrieb ebenfalls beseitigt werden. Außerdem können Chlor, Pestizide und Herbizide aus dem Wasser entfernt werden. Der Erschöpfungszustand der Patrone ist erreicht, wenn der Wasserdurchfluss merklich nachlässt. Jetzt sollte die Patrone ausgetauscht werden. Das filterbare Volumen liegt je nach Verschmutzungsgrad des Ausgangswassers bei 10 bis 300 Kubikmeter. Die Patronen haben unterschiedliche Porengrößen, zum Befüllen des Aquariums mit Leitungswasser empfiehlt sich eine Porengröße von ein bis zwei µm. Während des Online-Betriebs ist der Einsatz von Dünger und Wasseraufbereitungsmitteln sinnlos, da diese sofort wieder ausgefiltert werden.

Kohle-Blockfilter mit Kugelhähnen zum direkten Anschluss an das Leitungswassersystem.

Nicht vergessen: Vor jedem Wasserwechsel und allen anderen Arbeiten im Aquarium unbedingt die Heizung und den Filter von der Stromversorgung trennen.

Viel wurde in der Vergangenheit über den Nitrat-Grenzwert diskutiert, hier ist von 100 mg/l, 250 mg/l und sogar von bis zu 1000 mg/l als Grenzwert die Rede. Der Nitratgehalt in einem Becken mit Poeciliiden sollte meiner Meinung nach 100 mg/l nicht überschreiten. Auch bis 200 mg/l NO_3^- zeigen Lebendgebärende noch keine Anzeichen von Unwohlsein.

Ein Salzzusatz, wie er manchmal zur Pflege einiger Arten empfohlen wird, hat sich bei mir in allen Fällen als unnötig erwiesen.

Wassertrübungen, durch Infusorien oder Algen, lassen sich am einfachsten durch eine zweitägige Behandlung mit einer UV-C-Lampe beseitigen. Hierzu installiert man eine handelsübliche UV-C-Leuchte entweder im Bypass eines Außenfilters oder über eine separate Pumpe an das entsprechende Becken. Der Volumenstrom durch die Leuchte sollte beispiels-

8 Watt
UV-C-Lampe

weise bei einem 9-Watt-Gerät nach Herstellerangaben 100 l/h nicht überschreiten, damit die Einwirkdauer der Strahlung zum Abtöten der Organismen ausreicht. Nützliche Bakterien, die sich auf festem Substrat ansiedeln, werden hierdurch nicht beeinträchtigt.

Die Einlaufphase

Bevor die ersten Fische ins Aquarium einziehen können, muss eine mindestens zweiwöchige Einlaufphase eingehalten werden. Das vollständig eingerichtete, bepflanzte, beleuchtete, beheizte und gefilterte Becken bekommt so die nötige Zeit, ein biologisches Gleichgewicht zu bilden. Die stickstoffabbauenden Bakterien bilden sich, und nach und nach wird das Wasser immer klarer werden. Bevor die ersten Fische einziehen, sollte man mit Hilfe von Messreagenzien den Nitritgehalt prüfen. Erst wenn das giftige Nitrit NO_2^- nicht mehr messbar ist, haben sich auch die Nitrit abbauenden Bakterien Nitrobacter ausreichend vermehrt und das Nitrit zu Nitrat NO_3^- abgebaut. Der so gefürchtete Nitritpeak ist überstanden.

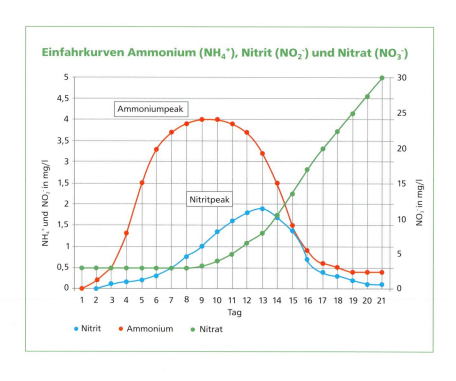

Einfahrkurven Ammonium (NH_4^+), Nitrit (NO_2^-) und Nitrat (NO_3^-)

Der gewünschte Fischbesatz sollte auch nur langsam, über mehrere Tage verteilt, eingesetzt werden. Mit Hilfe von geimpftem Filtermaterial aus anderen Aquarien und Starterpräparaten, wie sie der Zoofachhandel anbietet, lässt sich die Wartezeit etwas verkürzen.

Das Futter

In der Mehrzahl gehören die Mitglieder der Familie der Lebendgebärenden Zahnkarpfen zu den Allesfressern. Arten aus den Gattungen *Poecilia* und *Xiphophorus* benötigen einen erhöhten Anteil an pflanzlicher Nahrung. Viele Arten weiden Algenbeläge von Pflanzen und Steinen ab. Besonders *Poecilia sphenops* ist bekannt dafür, dass er Algen liebt. Angehörige der Gattungen *Gambusia* und *Brachyrhaphis* mögen es vorwiegend tierisch. Eine Besonderheit stellt *Belonesox belizanus* dar. Er ernährt sich als Räuber ausschließlich von Fischen.

Anflugnahrung gehört in den natürlichen Lebensräumen zu den wichtigsten Nahrungsquellen.

Die folgenden Angaben zur Ernährung beziehen sich in erster Linie auf die Arten, die als Allesfresser eingestuft sind. Arten aus dem Tribus *Gambusiini* werden am Schluss separat behandelt.

Im Aquarium suchen Poeciliiden alle Beckenbereiche nach Nahrung ab (eine Tendenz zur Wasseroberfläche liegt vor), sie lassen sich problemlos sowohl mit handelsüblichem Trockenfutter in Flocken- oder Granulatform sowie Frostfutter wie Mückenlarven, Wasserflöhen und *Artemia* ernähren. *Tubifex* sollten, da sie aus belasteten Gewässern stammen könnten, vor dem Verfüttern mehrtägig gewässert und gründlich abgespült werden. Ein- bis zweimal die Woche sollte ein Trockenfutter mit hohem pflanzlichem Anteil verfüttert werden. Lebendfutter aus Tümpeln ist naturgemäß das beste Futter. Es ist aber nicht immer und überall verfügbar, birgt die Gefahr der Einschleppung von Krankheitskeimen und bringt rechtliche Probleme mit sich, da viele Organismen mittlerweile unter Naturschutz stehen. Eigene Zuchtansätze von Fruchtfliegen, Enchyträen und Grindalwürmchen sind hier die Lösung. Aus der Gemüseküche eignen sich unter anderem Spinat, Schlangengurken und Paprikapulver edelsüß. Die

von oben:
Gefriergetrocknete (FD) rote Mückenlarven.

Gefriergetrocknete (FD) *Tubifex*.

Luftgetrocknete Daphnien (Wasserflöhe)

Platys an der Futtertablette.

Foto: F. Bitter

Futterring zur gezielten Fütterung.

Zwerge unter den Lebendgebärenden Zahnkarpfen benötigen auch sehr kleines Futter wie frisch geschlüpfte *Artemia salina*, *Cyclops* und sehr feines Granulat.

Eine abwechslungsreiche Ernährung lässt prächtige Tiere heranwachsen. Arten aus dem Tribus *Gambusiini* ernähren sich in der Natur anders, was auch bei der heimischen Pflege Berücksichtigung finden muss. Gambusen und Arten aus der Gattung *Brachyrhaphis* reicht man bevorzugt Nährtiere aus der Gefriertruhe oder als FD-Futter. Das Trockenfutter in Granulat- oder Flockenform ist als Nebenfutter nur jeden zweiten bis dritten Tag an der Reihe. Für die Ernährung von *Belonesox belizanus* benötigt man eine umfangreiche Zucht von Futtertieren. Guppys eignen sich aufgrund ihrer einfachen Zucht und ihrer Vermehrungsrate besonders gut.

Abwesenheit des Pflegers: Erwachsenen Poeciliiden macht eine zweiwöchige Hungerperiode zum Beispiel während eines Urlaubs nichts aus.

Gefriergetrocknetes Futter und dessen Aufwertung

Viele Nährtiere wie Mückenlarven, *Tubifex* und *Artemia* gibt es im Handel auch als gefriergetrocknetes Futter, kurz FD-Futter genannt. FD ist die englische Abkürzung für „freeze dried" gefriergetrocknet. Durch den Herstellungsprozess, ohne Erhitzen, ist die Wertigkeit dieses Futters sehr hoch. Beim Gefriertrocknen nutzt man die Eigenschaft des Wassers, unter bestimmten Voraussetzungen direkt vom festen in den gasförmigen Zustand überzugehen, die Sublimation. Hierbei wird den Nährtieren das Wasser entzogen. FD-Futter lässt sich sehr gut lagern und ist sehr lange haltbar, vorausgesetzt es wird dunkel, trocken und kühl aufbewahrt. Leider schwimmt es beim Verfüttern sehr lange an der Wasseroberfläche und ist so für Fische der mittleren und unteren Wasserregionen nicht direkt zugänglich. Um gefriergetrocknetes Futter zusätzlich mit Vitaminen aufzuwerten und um es beim Verfüttern sinkfähig zu machen, wende ich einen Trick an. Einer, in jeder Apotheke erhältlichen, Spritze wird der Kolben entfernt, dann verschließt man das Austrittsende mit einer Gummi- oder Schlauchtülle. Jetzt füllt man die Spritze zunächst zu 15 bis 20 Prozent mit einem Multivitaminpräparat. Anschließend wird das FD-Futter bis zum Rand der Spritze eingefüllt. Der Kolben wird nun wieder eingesetzt, die Spritze mit der Austrittsöffnung nach oben positioniert, die Tülle entfernt und der Kolben so tief in die Spritze gedrückt bis Vitaminflüssigkeit austritt. Nach dem erneuten Verschließen der Austrittsöffnung wird der Kolben zurückgezogen. Hierbei wird ein Unterdruck erzeugt, der das Multivitaminpräparat in die FD-Nährtiere saugt. Dieser Zustand wird zehn bis fünfzehn Minuten aufrecht erhalten. Damit man es nicht die ganze Zeit von Hand halten muss, wird ein Nagel quer durch ein in den Kolben gebohrtes Loch gesteckt. Nach Ablauf der Zeit, sowie nach dem Entfernen des Haltenagels und der Schlauchtülle, kann das aufgewertete FD-Futter an die Fische verfüttert werden. Diese Methode eignet sich auch, um erkrankte Fische mit Medikamenten im FD-Futter zu füttern. Auch luftgetrocknete Futtertiere, wie die im Handel erhältlichen Daphnien, lassen sich mit dieser Methode aufwerten.

von oben:
Frostfutter: Weiße Mückenlarven schwimmen vorwiegend an der Wasseroberfläche.

Frostfutter: Wasserflöhe.

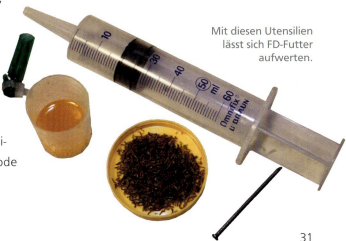

Mit diesen Utensilien lässt sich FD-Futter aufwerten.

von oben:
Hauptfuttergranulat der Körnung „1"

Granulatfutter mit Spirulina in der Körnung „0"

Grünfuttergranulat der Körnung „0"

Meine Fütterung

In meiner Anlage verfüttere ich als Trockenfutter drei Sorten Granulat in jeweils drei unterschiedlichen Korngrößen. Das Hauptfutter hat eine Zusammensetzung wie sie von zahlreichen namhaften Herstellern ähnlich angeboten wird. Darüber hinaus verfüttere ich ein Granulat mit erhöhtem Anteil an pflanzlichen Bestandteilen. Als drittes gebe ich einmal pro Woche ein Granulat mit hohem Anteil an *Spirulina*. Je nach Größe der zu fütternden Arten kommen drei Körnungen zum Einsatz. Größe 1 (0,7 bis 1 mm) für Fische ab drei Zentimeter Länge, Größe 0 (0,4 bis 0,6 mm) für Fische bis drei Zentimeter Länge und Größe 00 (0,01 bis 0,4 mm) für Jungfische. Ein- bis zweimal pro Woche verfüttere ich Frostfutter. Rote, schwarze und weiße Mückenlarven sowie *Artemia* werden gereicht. Für die kleinen Arten und die Jungfische habe ich zusätzlich *Cyclops*. Das Frostfutter wird vor dem Verfüttern aufgetaut und in einem Sieb unter fließendem Wasser ausgespült. Dies halte ich für erforderlich, weil das Auftauwasser nachweislich sehr stark belastet ist. Um das Frostfutter zusätzlich aufzuwerten, wird es mit einem Vitaminpräparat beträufelt. Ausgewachsene Lebendgebärende Zahnkarpfen bekommen bei mir nur einmal täglich Futter. Das zwei- bis dreimal tägliche Verfüttern kleinerer Mengen ist besser, aber bei mir aus Zeitgründen nicht möglich. Jungfische sollten mehrmals am Tag Futter erhalten. Am besten wachsen sie, wenn sie regelrecht im Futter stehen. Bei mir bekommen sie zwei- bis dreimal täglich Futter (siehe auch Kapitel Zucht). Damit alle gleichermaßen zu ihrem Recht kommen, füttere ich an mehreren Stellen des Aquariums.

Über die Verwendung von Futterringen gibt es unterschiedliche Meinungen. Ich setze sie in den größeren Aquarien ein, damit sich das Futter nicht unkontrolliert verteilt, um dann an unzugänglichen Stellen (hinter dem Filter oder in dichten Pflanzenbeständen) abzusinken und dort langsam zu verwesen. Beim Einsatz eines Rieselfilters oder der Nutzung eines Oberflächenabsaugers würde das Futter sogar angesaugt und im Filter verschwinden. Befestigt werden Futterringe mit Hilfe von Saugern an der Frontscheibe.

Fütterungsplan Lebendgebärende Zahnkarpfen

Tag	Alter	Zeit	Granulat Hauptfutter 00	Granulat Hauptfutter 0	Granulat Hauptfutter 1	Granulat Grün 00	Granulat Grün 0	Granulat Grün 1	Granulat Spirulina 00	Granulat Spirulina 0	Granulat Spirulina 1	Lebendfutter Artemia	Frostfutter Cyclops	Frostfutter Mückenlarven	Frostfutter Artemia
Montag	Juvenil	Morgens	x												
Montag	Juvenil	Mittags										x			
Montag	Juvenil	Abends	x	x								x			
Montag	Adult	Morgens													
Montag	Adult	Mittags													
Montag	Adult	Abends		x	x										
Dienstag	Juvenil	Morgens				x									
Dienstag	Juvenil	Mittags										x			
Dienstag	Juvenil	Abends				x	x					x			
Dienstag	Adult	Morgens													
Dienstag	Adult	Mittags													
Dienstag	Adult	Abends					x	x							
Mittwoch	Juvenil	Morgens	x												
Mittwoch	Juvenil	Mittags										x			
Mittwoch	Juvenil	Abends										x	x		
Mittwoch	Adult	Morgens													
Mittwoch	Adult	Mittags													
Mittwoch	Adult	Abends											x	x	
Donnerstag	Juvenil	Morgens	x												
Donnerstag	Juvenil	Mittags										x			
Donnerstag	Juvenil	Abends	x	x								x			
Donnerstag	Adult	Morgens													
Donnerstag	Adult	Mittags													
Donnerstag	Adult	Abends		x	x										
Freitag	Juvenil	Morgens							x						
Freitag	Juvenil	Mittags										x			
Freitag	Juvenil	Abends							x	x		x			
Freitag	Adult	Morgens													
Freitag	Adult	Mittags													
Freitag	Adult	Abends								x	x				
Samstag	Juvenil	Morgens	x												
Samstag	Juvenil	Mittags										x			
Samstag	Juvenil	Abends	x	x								x			
Samstag	Adult	Morgens													
Samstag	Adult	Mittags													
Samstag	Adult	Abends		x	x										
Sonntag	Juvenil	Morgens	x												
Sonntag	Juvenil	Mittags										x			
Sonntag	Juvenil	Abends										x	x		
Sonntag	Adult	Morgens													
Sonntag	Adult	Mittags													
Sonntag	Adult	Abends											x		x

Besatz und Vergesellschaftung

Die meisten Arten Lebendgebärender Zahnkarpfen lassen sich problemlos in einem Gesellschaftsbecken pflegen, allerdings sollte pro Aquarium lediglich eine Art einer Gattung gepflegt werden. Andernfalls besteht die Gefahr, dass es zu Kreuzungen kommt. Dass nur friedliche Arten miteinander vergesellschaftet werden sollten, versteht sich von selber. Als weiterer Besatz eignen sich Harnischwelse der Gattungen *Peckoltia*, *Ancistrus* und *Hypancistrus* sowie Panzerwelse der Gattung *Corydoras*, die beim Verzehr von Futterresten sehr nützlich sind, was nicht heißt, dass sie nicht auch gezielt ernährt werden müssen. Bärblinge und kleinbleibende Salmler sind als Mitbewohner auch sehr gut geeignet.

Ich empfehle pro Art immer eine Gruppe von mindestens sechs bis acht Tieren, wenn möglich mehr Weibchen als Männchen, zu pflegen. Das Nachstellen der Männchen verteilt sich so auf mehrere Weibchen, was zur Stressreduzierung beim einzelnen Tier beiträgt. Besonders bei den

Viele Salmlerarten eignen sich hervorragend zur Vergesellschaftung mit Lebendgebärenden.

Der Gartenteich eignet sich in der warmen Jahreszeit hervorragend zur Pflege von Lebendgebärenden Zahnkarpfen.

Schwertträgern gibt es eine starke innerartliche Aggressivität, die nicht selten zum Tode einzelner Tiere führt. Um diesem Problem vorzubeugen, hat sich die Pflege einer Mindestanzahl von vier Männchen als vorteilhaft erwiesen. Wird nur ein Männchen mit mehreren Weibchen gehalten, gibt es ebenfalls kein Problem. Für einige Arten ist ein spezielles Artenbecken die bessere Lösung, ensprechende Hinweise finden Sie bei den jeweiligen Artbeschreibungen.

Im Sommer lassen sich viele Lebendgebärende Zahnkarpfen im Gartenteich pflegen. Exemplare, die dort aufwachsen, sind oftmals besonders prachtvoll. Obwohl hier ständig Lebendfutter vorhanden ist, muss trotzdem zugefüttert werden. Die Freiluftsaison kann von Anfang Juni bis in den September dauern.

Regelmäßige Pflegearbeiten

Neben dem regelmäßigen Wasserwechsel und der Filterreinigung, gibt es noch eine Reihe weiterer Aufgaben, die beim Gesellschaftsbecken mit Lebendgebärenden Zahnkarpfen oder einer Pflege- und Zuchtanlage in mehr oder weniger regelmäßigen Intervallen durchgeführt werden müssen. Hierzu gibt es eine Reihe von Hilfsmitteln, die man im Zoofachhandel kaufen kann, aber auch Mittel und Geräte, die im Haushalt vorhanden sind und sich wunderbar nutzen lassen.

Es ist ratsam, die Pflegearbeiten mit dem regelmäßigen Wasserwechsel zusammen zu legen. Vor Beginn jeglicher Arbeiten im Aquarium müssen unbedingt alle elektrischen Geräte wie Heizung und Filter ausgeschaltet werden.

Abdeckscheiben sowie die Aquarienscheiben von außen sollten in Abständen von zwei bis drei Wochen gesäubert werden. Kalkflecken und Ränder an den Außenflächen sowie Algen und Futterreste an den Deckscheiben bieten ein unschönes Bild auf den Betrachter. Hierzu mische ich in einem Eimer 1 Liter Leitungswasser mit etwa 6 ml Eichenextrakt. Bei dieser Mischung ergibt sich ein pH-Wert von ungefähr 3,5 bis 4. Als Alternative lässt sich auch Zitronensäure mit einem Mischungsverhältnis von einem Liter Wasser zu zehn Milliliter Zitronensäure verwenden. Mit einem Schwamm wische ich dann die Scheiben gründlich ab und trockne sie anschließend mit einem sauberen Tuch.

Eichenextrakt und Zitrussäure eignen sich gut zum Reinigen der Scheiben.

Von innen werden die Aquarienscheiben aus optischen Gründen (sie veralgen je nach Beleuchtungsstärke und Standort des Aquariums mehr oder weniger schnell) ebenfalls regelmäßig etwa alle ein bis drei Wochen gereinigt. Klingenreiniger und Algenmagnete, wie sie im Handel erhältlich sind, sind hierfür ein geeignetes Hilfsmittel. Ein Geodreieck kann hierzu ebenfalls benutzt werden. Bei nicht zu starken Belägen verwende ich in der Regel die – je nach Hersteller – dunkelgrüne oder auch schwarze Seite eines Topfschwammes. Bei allen Methoden ist darauf zu achten, dass sich kein Sand oder Kies zwischen dem Reinigungsgerät und

Der Algenmagnet ist sehr beliebt weil man beim Reinigen der Innenflächen trocken bleibt.

Dicht bepflanztes Gesellschaftsbecken mit Segelkärpflingen und Barben.

der Aquarienscheibe befindet, da sie dann verkratzen würde. Die Klingen der Reiniger sollten regelmäßig ausgetauscht werden, weil alte und teilweise beschädigte Klingen ebenfalls Kratzer auf den Scheiben verursachen können. Im Zoofachhandel gibt es sogenannte Pflegehandschuhe, mit denen man die Scheibeninnenseiten, Rohre und Dekorationsgegenstände bequem reinigen kann. Sie sind leider nicht ganz billig.

Schläuche, Rohre, Rohrbögen und Winkel von Filtern werden zwei- bis dreimal im Jahr oder bei starker Verschmutzung auch häufiger mit Flaschenbürsten, wie sie im Haushalt auch verwendet werden, gereinigt.

Zu den regelmäßigen Pflegearbeiten gehört auch die Pflanzenpflege. Zangen, Pinzetten und Scheren gibt es hierfür in unterschiedlichsten Qualitäten und Preisen. Darauf komme ich im Kapitel „Pflanzen" noch einmal zurück.

Utensilien zur regelmäßigen Pflanzenpflege aus Edelstahl.

unten von links: Gesellschaftsbecken mit Mollys und Salmlern.

Dicht bepflanztes Panoramabecken mit Schwertträgern.

▲ Männchen des Blutendes-Herz-Platy.

▼ Wildform des Papageienplaty.

Zucht und Aufzucht

Fortpflanzung

Poeciliiden gehören zu den Knochenfischen, bei denen die Weibchen keine Eileiter besitzen, sondern die Eier in der unmittelbaren Nähe ihrer Entstehung, im sogenannten Ovar, aufbewahren und dort weiter entwickeln, wo sie auch befruchtet werden. Zur Befruchtung der reifen Eizellen müssen die Spermien in den Körper (zum Ovar) des Weibchens gelangen. Hierzu haben die Männchen eine zum Begattungsorgan (Gonopodium) umgewandelte Afterflosse, die in die Geschlechtsöffnung des Weibchens eingeführt wird. Über das rinnenförmig ausgebildete Gonopodium gelangen die Samenpakete in den Oviduct. Nach der Übertragung der Samenpakete lösen sich diese auf und die Spermien wandern den Oviduct hinauf, wo sie auch gespeichert werden (Vorratsbesa-

Dieses Weibchen steht kurz vor dem Werfen der Jungen.

Bei der Begattung wird das Gonopodium in die Urogenitalöffnung des Weibchens eingeführt.

von oben:
Das Männchen schwimmt mit vorgestrecktem Gonopodium das Weibchen seitlich von schräg unten an.

Bei *Poeciliopsis prolifica* gibt es die Superfötation. Die Paarung steht kurz bevor. Das Gonopodium ist schon vorgestreckt.

mung), damit – unabhängig von der Anwesenheit eines Männchens – weitere Eizellen befruchtet werden können. Die Befruchtung findet dann im Ovar statt. Die Ernährung der Larven findet über den großen Eidotter statt. Nachforschungen haben ergeben, dass bestimmte Stoffe (Hormone, Vitamine und Enzyme) vom Muttertier durch die Eihülle auch die Embryonen zusätzlich versorgen (siehe u.a. Prof. Dr. Hartmut Greven). Die Sauerstoffversorgung findet über die Follikelzellen statt, die die Eihülle umschließen. Weibchen können ohne weitere Kopulation noch bis zu einem halben Jahr weitere Würfe hervorbringen, nach eigenen Beobachtungen sind so schon bis zu acht Folgewürfe zustande gekommen. Frisches Sperma, von späteren Kopulationen, soll allerdings schneller zu den reifen Eiern gelangen und so Vorrang bei der Befruchtung haben.

Erst bei der Geburt reißt die Eihülle auf und die Jungen gelangen über den Gonodukt und den Genitalporus ins Freie. Diese Art der Fortpflanzung wird mit dem Begriff vivipar (vivus, lateinisch: lebend und parere: gebärend) bezeichnet. Normalerweise werden nach der Geburt wieder reife Eier im Ovar befruchtet so dass jeder Wurf (etwa alle vier Wochen) gleich große Jungen hervorbringt. Bei der sogenannten Superfötation läuft es jedoch anders ab. Hier werden schon während der Entwicklung, und noch weit vor der Geburt der Larven, die nächsten Eier befruchtet. Diese spezialisierte Form der Fortpflanzung innerhalb der Familie der Lebendgebärenden Zahnkarpfen wird zum Beispiel von den Zwergkärpflingen *Heterandria formosa* und von *Poeciliopsis prolifica* betrieben.

Zwei bis drei Wochen lang werden bei *H. formosa* täglich zwischen zwei und fünf Junge zur Welt gebracht. Anschließend kommt es zu einer Wurfpause von einer Woche. So entstehen mehrere unterschiedlich weit entwickelte Generationen von Jungfischen innerhalb des weiblichen Ovars. Bei *Poeciliopsis prolifica* ist die Anzahl der Jungen je Wurf und die dazwischenliegende Anzahl an Tagen sehr unterschiedlich.

Bei vielen Arten findet eine intensive arttypische Balz statt. Meistens sind das Arten, bei denen das Männchen ein eher kurzes Gonopodium hat. Das Männchen imponiert zum Beispiel mit aufgestellten Flossen vor dem Weibchen. Es umschwimmt das Weibchen, folgt seinen Bewegungen auch dann, wenn es ständig versucht zu entkommen. Zeigt sich das Weibchen paarungswillig – dies ist meist der Falle, wenn die Ovulation (Eireifung) unmittelbar bevorsteht oder schon eingetroffen ist und wird meist durch keine weiteren Fluchtversuche angezeigt – wird es vom Männchen seitlich von unten angeschwommen, dabei ist das Gonopodium bereits nach vorne gerichtet. Das Männchen führt die Gonopodiumsspitze in die Urogenitalöffnung ein, beide Tiere verharren kurz, während die Spermienpakete übertragen werden. Es gibt bei den Arten mit kurzem Gonopodium unterschiedliche Paarungstechniken. Eine davon ist das so genannte „Treibschwimmen". Das Männchen schwimmt aus der Deckung heraus mit angelegtem Gonopodium unter die Bauchpartie des Weibchens, es kommt zu einzelnen Maulstößen, wonach das Weibchen sich immer wieder entfernt und vom Männchen verfolgt wird. Erst wenn das Weibchen nicht mehr fortschwimmt, nähert sich das Männchen mit vorgeklapptem Gonopodium und kopuliert.

Andere Arten praktizieren eine so genannte „Überfallbalz", die einer Vergewaltigung schon sehr nahe kommt. Vorwiegend sind dies Arten mit überlangem Gonopodium. Die Männchen nähern sich dem Weibchen aus

Arten mit überlangem Gonopodium praktizieren die Überfallbalz.

einer Lauerstellung heraus überfallartig mit bereits vorgestrecktem Gonopodium, um sofort zu kopulieren. Der Reifefleck (auch Trächtigkeitsfleck) bei den Weibchen scheint den Arten mit langem Gonopodium als Zielmarkierung zu dienen. Männliche Lebendgebärende Zahnkarpfen sind übrigens ständig paarungswillig.

Hochträchtige Weibchen ziehen sich an einen ruhigen Ort zurück. Nach einer Tragzeit von 25 bis 35 Tagen (je nach Art und Wassertemperatur) sprengen die Jungen unmittelbar vor der Geburt die Eihülle und treten als vollentwickelter Jungfisch – meist mit der Schwanzflosse voran – aus der weiblichen Geschlechtsöffnung hervor. Treten während der Trächtigkeit Störungen auf, kann diese hinausgezögert oder sogar abgebrochen werden. Bei großen Störungen, wie dem Umsetzen in ein zu kleines Wurfbecken mit zudem stark abweichenden Wasserverhältnissen, kann es zu Früh-, ja sogar zu Totgeburten kommen.

Die Jungen werden meist in den Morgenstunden geboren. Sie sinken, noch nicht schwimmfähig, zunächst zu Boden. Nach dem Anschwimmen der Wasseroberfläche und dem Befüllen der Schwimmblase können sie dann richtig schwimmen und führen sofort ein eigenständiges Leben.

Zuchtmethoden

Bei der Pflege von Lebendgebärenden Zahnkarpfen im Gesellschaftsbecken oder auch im speziellen Artaquarium kommt es bei den meisten Arten unweigerlich zur Vermehrung. In der Regel fällt ein Großteil der Jungen den eigenen Eltern oder den anderen Beckeninsassen als willkommene Abwechslung des Speiseplans zum Opfer. Bei einer ausreichenden Bepflanzung überleben jedoch immer genügend Jungfische und der Stamm bleibt stabil. Möchte man eine größere Anzahl oder sogar fast alle Jungtiere aufziehen, gibt es eine ganze Reihe von Methoden und Tricks, von denen ich hier einige beschreiben möchte.

Der Ablaichkasten

Die trächtigen Weibchen werden in einen kleinen, aus durchsichtigem Kunststoff hergestellten Behälter gesetzt, der an der Wasseroberfläche des

Handelsüblicher Ablaichkasten im Gesellschaftsbecken.

Aquariums schwimmt. Die frisch geworfenen Jungtiere werden bei einigen Konstruktionen durch ein horizontales Gitter im unteren Bereich vor dem Muttertier geschützt. Zusätzlich kann ein künstliches oder auch pflanzliches feines Substrat die Jungen davor schützen, gefressen zu werden. Diese Methode funktioniert zwar, ich selbst praktiziere sie nicht mehr, weil die handelsüblichen Ablaichkästen viel zu klein sind und dadurch die trächtigen Weibchen zu sehr gestresst werden, was zu verfrühten Geburten, ja sogar zu Totgeburten führen kann. Nach dem Werfen wird das Muttertier ins ursprüngliche Becken zurück gesetzt. Der Vorteil dieser Methode besteht darin, dass kein zusätzliches Becken gebraucht wird.

Mein selbst gebauter Wurfeinsatz

Er funktioniert im Prinzip ähnlich wie der Ablaichkasten, bietet aber mehr Platz. Ein Rahmen wird mit einem feinmaschigen Netz bespannt oder ein großer Kescher wird in einen Rahmen aus PVC eingebracht, damit er an der Oberfläche schwimmt. Dort hinein wird das Weibchen gesetzt. Ein solcher Rahmen wird beispielsweise aus Rohrstücken und 90-Grad-Rohrwinkeln mit einem PVC-Kleber zusammengesetzt. Als Maße empfehle ich mindestens 25 x 20 Zentimeter. Hier können auch mehrere hochträchtige Weibchen hinein gesetzt werden.

Das zusätzliche Einbringen von Javamoos oder einem synthetischen Laichsubstrat bietet den Jungen nach dem Wurf zusätzlich Schutz vor dem Muttertier, bis dieses zurück ins Becken gesetzt wird. Auch hier liegt der Vorteil darin, dass kein zusätzliches Aquarium benötigt wird.

Zubehör für den Bau des Wurfeinsatzes.

3D-Modell einer Netzsenke im Einsatz

Netzsenke

Diese Methode wird sehr häufig in professionellen Züchtereien angewendet. Ein großzügig bemessenes Netz, dessen Maschenweite so groß ist, dass die geworfenen Jungfische hindurch gelangen können, wird im Zuchtaquarium am Beckenrand befestigt und mit den Zuchttieren (etwa drei bis fünf Männchen und acht bis zehn Weibchen) besetzt. Das Becken sollte oben auf

jeden Fall abgedeckt werden, da die Weibchen einiger Arten gelegentlich springen. Die Jungtiere entziehen sich nach der Geburt den Alttieren, indem sie durch die Maschen des Netzes schwimmen.

Das geteilte Becken

Ein 25 bis 45 Liter fassendes Vollglasaquarium wird im Verhältnis 1:1 bis 1:2 durch eine Trennscheibe geteilt. Die Trennscheibe wird mit handelsüblichem Aquariensilikon punktuell eingeklebt, wobei etwa zwei bis drei Millimeter Luft zu den Seitenscheiben und der Bodenscheibe bleiben.

3D-Modell des geteilten Beckens mit Funktionsweise (siehe Pfeile).

Ein luftbetriebener Patronenfilter oder auch ein elektrischer Innenfilter werden im kleineren Teil installiert und deren Filterauslauf wird durch Montieren eines zusätzlichen Schlauchabschnittes oder Rohres – über die Trennscheibe hinweg – in die größere Kammer geleitet. In den größeren Teil des Beckens kommen die trächtigen Weibchen. Das Wasser wird durch den Filter von der kleinen in die große Kammer gepumpt und erzeugt beim Zurückströmen über die Spalte einen Sog. Jungfische, die in den Bereich der Spalte geraten, werden so in die sicherere Filterkammer gesaugt. Der Einsatz von Javamoos oder einem synthetischen Laichsubstrat in der großen Kammer kann die Ausbeute noch erhöhen. Die Jungen können in der Filterkammer verbleiben, dort gefüttert werden und dann später in ein separates Aufzuchtbecken umgesetzt werden.

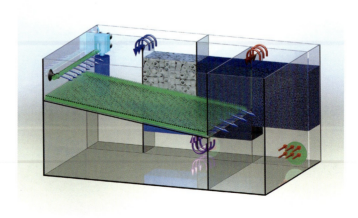

3D-Modell des Platymaten mit Funktionsweise (siehe Pfeile).

Der Platymat

Hierbei handelt es sich um einen etwas aufwändigeren Eigenbau. Die Idee dafür entstand in meinem Heimataquarienverein, Wasserfloh Lemgo. Anhand des 3D-Modells lässt sich die Funktion gut erklären. Der Platymat besteht aus drei Bereichen:

Die Wurfkammer

Hier werden die trächtigen Weibchen eingesetzt. Die eingeklebte Bodenscheibe hat ein Gefälle von zehn bis fünfzehn Millimeter. Auf die Schräge wird ein Gitter mit einem Abstand von ungefähr zehn Millimetern aufgelegt.

Die Auffangkammer

Diese befindet sich durch einen Schlitz getrennt neben der Wurfkammer.

Der Vier-Kammer-Biofilter

Über die gesamte Länge des Beckens ist, im hinteren Teil, der Filterbereich abgetrennt. Eine Ansaugöffnung schafft die Verbindung zur Auffangkammer. Die vier Kammern werden durch senkrechte Trennscheiben, die abwechselnd oben und unten einen Strömungsspalt freilassen, voneinander getrennt. Die letzte Kammer enthält eine Pumpe, die das Wasser durch die Filterkammern saugt und es dann über die Längstrennscheibe in die Wurfkammer pumpt. Die Ansaugöffnung wird mit einem feinmaschigen Sieb oder einer Schwammpatrone versehen, damit die Jungtiere nicht in den Filterbereich gesaugt werden. Bei der Bestückung der Filterkammern lassen sich die unterschiedlichsten Filtermedien verwenden.

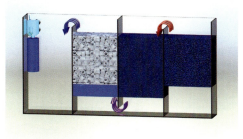

Schnitt durch den Filterbereich des Platymaten.

Der Funktionsablauf

Die in der Wurfkammer zur Welt kommenden Jungtiere gelangen, durch die Strömung unterstützt, unterhalb des Gitters über die schräge Fläche durch den Schlitz in die Auffangkammer. Hier werden sie gesammelt und können hier ebenfalls gefüttert und aufgezogen werden. Das Wasser wird durch die Ansaugöffnung in den Vier-Kammer-Biofilter gesaugt und dort sowohl mechanisch als auch biologisch gereinigt und anschließend wieder über ein Ausströmungsrohr in die Wurfkammer geleitet.

Die Aufzucht

Zur Aufzucht der Jungfische gibt es viele verschiedene Möglichkeiten, ich möchte hier in erster Linie meine Methode beschreiben. Hierbei werden die Jungfische, die mit Hilfe einer der zuvor beschriebenen Zuchtmethoden auf die Welt gebracht wurden, in ein 15 bis 20 Liter fassendes Aquarium mit einem luftbetriebenen Innenfilter (nur schwacher Sog) ohne Bodengrund (einfache Reinigung) und ohne Dekorationsgegenstände umgesetzt. Zwei- bis dreimal täglich wird der Nachwuchs dann mit frisch geschlüpften Nauplien von *Artemia salina*, zerriebenem Flockenfutter oder mit einem für die Aufzucht speziell im Zoofachhandel erhältlichen Staubfutter gefüttert. Ein Teilwasserwechsel (30 bis 50 Prozent) alle zwei bis drei Tage hält die Wasserbelastung auf niedrigem Niveau und sorgt dafür, dass die Jungfische zügig und gesund aufwachsen. Nach ein bis zwei Wochen wird der Speiseplan mit Frostfuttersorten wie *Cyclops*, *Moina* und *Bosmina* erweitert. Ein Grünfutter, zum Beispiel ein Flockenfutter mit hohem Anteil aus pflanzlichen Rohstoffen oder auch ein entsprechendes Granulat, das es auch in einer sehr feinen Körnung oder sogar als Staubfutter gibt, sollte regelmäßig gereicht werden. Die Größe des Aufzuchtbeckens muss natürlich den wachsenden jungen Poeciliiden ständig angepasst werden. Die Bodenscheibe und die Seitenscheiben werden regelmäßig gesäubert. Einige junge Harnischwelse der Gattung *Ancistrus* sowie Schnecken helfen beim Vertilgen der Futterreste und dem Putzen der Scheiben. Ein prallgefüllter Bauch, bei der Fütterung mit *Artemia* sogar orangerot gefärbt, zeigt dem Züchter, dass die Jungtiere die gereichte Nahrung aufnehmen und sich prächtig entwickeln werden.

Für das Ausbrüten von *Artemia salina* hat fast jeder Züchter seine eigenen Brutgefäße, Salzsorten und Mischungsverhältnisse. Ich gehe folgendermaßen vor:

Zwei 1,5 Liter fassende Mineralwasserflaschen sind ständig im Einsatz, sodass aus einer immer geerntet werden kann. Ein im Zoofachhandel kostengünstig erhältliches Kulturgerät – bestehend aus einem Schlauch, einem

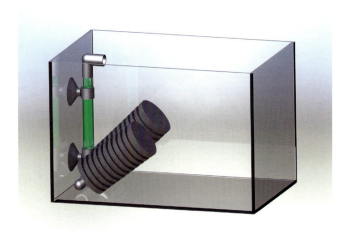

Aufzuchtbecken mit Patronenfilter.

Zwei Flaschen sind zum Ausbrüten von *Artemia* ständig im Einsatz.

Verschlussstopfen mit zwei Bohrungen, einem kurzen und einem langen Rohrbogen sowie einem Stück Rohr zum Verlängern des langen kommt bei mir zum Einsatz. Die Mineralwasserflaschen werden zu 75 Prozent mit Leitungswasser, zwei gestrichenen Teelöffeln jodfreiem Salz ohne sonstige Zusatzstoffe (Siedesalz mittelgrob, im 2-kg-Beutel erhältlich) und je nach Bedarf ein bis zwei Teelöffeln *Artemia*-Eiern gefüllt. Der lange Rohrbogen wird bis kurz über den Flaschenboden verlängert und daran wird eine Membranpumpe angeschlossen. Am Ausgangsrohrbogen kann dann der Eingang zu der zweiten Flasche angeschlossen werden. Ich habe beide Flaschen separat an die Luftpumpe angeschlossen, um den Luftstrom individuell regeln zu können. Zum Regeln der Luftmenge nutze ich jeweils einen Lufthahn aus Metall. Nach ungefähr 24 bis 36 Stunden, bei etwa 24 bis 26 °C Raumtemperatur, schlüpfen die Nauplien und können nach dem Abspülen mit Hilfe eines Artemiasiebes an die Jungfische verfüttert werden. Dazu wird zunächst die Luftzufuhr abgestellt. Die geschlüpften Artemien sammeln sich dann am Flaschenboden und die leeren Eierschalen treiben an der Oberfläche. Am Rohrbogen des Lufteingangs wird ein Schlauch angeschlossen und in das Artemia-Sieb gehalten. Sobald man in den Luftausgangsanschluss pustet, strömt das Wasser aus dem Flaschenbodenbereich mit den Nauplien in das Sieb. Vor dem Verfüttern werden die Artemien unter laufendem Wasser abgespült. Im Süßwasser überleben sie ungefähr fünf bis sechs Stunden und stellen so bis zur nächsten Fütterung eine gute Reserve dar.

Statt einer Flasche werden von einigen Züchtern auch teure Bruttrichter aus dem Laborbedarf verwendet, die die Ausbeute geringfügig vergrößern und das Abzapfen der Nauplien ohne die leeren Schalen erleichtern.

Ebenfalls geeignet sind 1,5 bis 2 Liter PET-Flaschen. Der Boden wird abgetrennt und die Verschlussseite erhält einen durchbohrten Korken. Über ein eingesetztes PVC-Röhrchen und ein Schlauchstück wird die Luftpumpe angeschlossen. Kopfüber (Korken nach unten, Flaschenboden nach oben) wird die Flasche in eine Halterung gestellt.

Weitere Lebendfutterkulturen sind Essigälchen und Grindalwürmchen. Hierzu finden sich in der Fachliteratur ausreichend Anleitungen.

von oben:
Jungfisch von *Cnesterodon decemmaculatus* mit sichtbar prall gefülltem Bauch.

Jungfisch von *Brachyrhaphis hessfeldi*. Der Bauch ist prall gefüllt.

Dieses Jungtier von *Phallichthys fairweatheri* ist wohl genährt.

Plagegeister bei Pflege, Zucht und Aufzucht

Wegen der intensiven Fütterung bei der Aufzucht – teilweise dreimal oder noch häufiger am Tag – mit zum Teil Lebendfutter, kommt es sehr häufig zur explosionsartigen Ausbreitung von Plagegeistern wie Infusorien und Planarien. Diese können dem Gelege beziehungsweise den Larven durchaus gefährlich werden. Das Auftreten dieser Plagegeister lässt sich kaum vermeiden, deshalb ist es wichtig zu wissen, was man zur Bekämpfung unternehmen kann.

Infusorien

Infusorien sind kleine, meist einzellige Organismen, die sich im Aufguss von pflanzlichem Material entwickeln. Sie treten meist bei intensiver Fütterung auf und vermehren sich explosionsartig, so dass das Wasser immer trüber wird und man später kaum noch durchschauen kann, so milchig ist es. Da sie stark sauerstoffzehrend sind, wird es auch für den Fischnachwuchs schnell gefährlich. Unter dem Mikroskop sieht man sie in diversen Formen wie Keulen, Sicheln, Stäbchen, Ketten und Kugeln. Leuchtet man mit einer Taschenlampe ins Aquarium, kann man die Infusorienschwärme sehr gut dem Licht entgegen ziehen sehen.

Diese Fische schwimmen schon in einer regelrechten Infusorien-Suppe.

Am einfachsten, schnellsten und sichersten lassen sich Infusorien mit UV-Bestrahlung beseitigen, hierzu benötigt man eine im Zoofachhandel erhältliche UV-Leuchte, die es in verschiedenen Wattstärken gibt. Mit Hilfe des Wasserauslasses eines Topffilters, der über einen Bypass reduziert wird, oder dem gedrosselten Wasserstrom einer separaten Strömungspumpe, welcher durch das UV-Leuchtengehäuse (an der UV-Lampe vorbei) geleitet wird, werden die Infusorien innerhalb von zwei bis drei Tagen vollständig abgetötet. Eine solche Leuchte eignet sich auch hervorragend, um andere Wassertrübungen, zum Beispiel durch Algenblüte, zu beseitigen. Die Dosierung eines handelsüblichen Mittels gegen Schnecken lässt sich ebenfalls zur Bekämpfung von Infusorien einsetzen. Der Einsatz eines Diatomeenfilters hilft gleichfalls, hat aber den Nachteile dass er häufig gesäubert werden muss und mit Diatomeenerde aufgeschlämmt wird.

Handelsübliche UV-C-Leuchte mit 8 Watt Leistung.

Hydra

Hier ist nicht das aus der griechischen Mythologie bekannte neunköpfige schlangenähnliche Ungeheuer gemeint, sondern die Nesseltiere des Süßwassers mit dem Gattungsnamen *Hydra*. Dieser Süßwasserpolyp vermehrt sich vegetativ durch Knospung. Die geschlechtliche Vermehrung ist eher selten. Sie sitzen im Aquarium an Scheiben und Dekorationsgegenständen und ernähren sich von Kleinstlebewesen. Hier kommt die intensive Fütterung mit lebenden *Artemia*-Nauplien ins Spiel. Woher sie gekommen sind, lässt sich nicht so einfach beantworten. Normalerweise fängt man sich *Hydra* beim Tümpeln ein. Aber auch sonst kann man sich plötzlich diesen Süßwasserpolypen im heimischen Aquarium einfangen, wie zum Beispiel über den Austausch von Moosen – wie *Riccia fluitans* und Javamoos – mit anderen Aquarianern. *Hydra* wird ungefähr einen Zentimeter groß und kann mit seinen Nesselkapseln auch Jungfischen gefährlich werden. An einem Tentakel, mit dem die Beute auch gefangen wird, können etwa 200 bis 300 Nesselkapseln sitzen. Die Nesselkapseln werden heraus geschossen und lähmen die Beute, die dann anschließend zur Mundöffnung geführt wird.

Eine *Hydra*-Kolonie an der Aquarienscheibe.

Mit handelsüblichen Mitteln gegen Schnecken (Schnecktol oder Gastropex) lässt sich die Hydraplage erfolgreich beseitigen. Aber Achtung: Auf einige Welsarten und Wirbellose, wie Apfelschnecken und Garnelen, wirken kupferhaltige Präparate eventuell tödlich. Biologisch lässt sich *Hydra* auch mit den meisten Labyrinthfischen (zum Beispiel Makropoden) bekämpfen. Die Spitzschlammschnecke frisst zwar gerne *Hydra*, macht aber leider auch vor der Aquarienbepflanzung keinen Halt. Bleibt noch die „Wiener Methode" zu erwähnen, bei der nach dem Herausfangen aller Beckeninsassen das Aquarium bei starker Belüftung für etwa 30 Minuten auf 42° C geheizt wird.

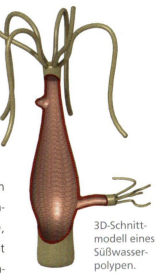

3D-Schnittmodell eines Süßwasserpolypen.

Planarien (Scheibenwürmer)

Planarien gehören zu den Plattwürmern (*Plathelminthes*). Es sind flache, langgezogene, meist bräunlich bis grünlich gefärbte und bis zu 20 Millimeter lange Tiere mit einem dreieckigen Kopf, die sich bei einer Teilung wieder vollständig regenerieren können. Es sind Zwitter, die Eier legen. Bei der Fortbewegung hinterlassen sie Schleim, der sie vor Feinden

Planarien können im Aquarium sehr lästig werden.

schützt. Planarien ernähren sich von lebenden und toten Tieren, können aber auch monatelang ohne Nahrung überleben. Eingeschleppt werden sie meist über Lebendfutter und Aquarienpflanzen sowie über Frostfutter, weil ihre Eier frost- und hitzebeständig sind. Scheibenwürmer sind lichtscheu und halten sich im Aquarium tagsüber versteckt. Mann kann sie bei einem Befall unter Steinen und Wurzeln sowie in Bruthöhlen von Fischen in großer Anzahl vorfinden. Während der Dunkelheit kommen sie dann hervor. Im Aufzuchtbecken kann es durch die großen Futtermengen in Form von Frost- und Lebendfutter leicht zur Massenvermehrung kommen.

Da Planarien auch dem Nachwuchs gefährlich werden, sollte man sie möglichst in Schach halten. Hierzu gibt es diese unterschiedlichen – mehr oder weniger Erfolg versprechenden – Möglichkeiten.

Chemie:
Flubenol fünfprozentig (Wirkstoff: Flubendazol) in einer Dosierung von 250 mg auf 100 Liter Aquarienwasser eignet sich zum Abtöten der Planarien. Da die Eier unberührt bleiben, muss nach etwa zweieinhalb Wochen die Behandlung mit der gleichen Dosis wiederholt werden. Schnecken und Garnelen werden aber durch dieses Präparat ebenfalls geschädigt. Da dieses Mittel nicht mehr so einfach zu bekommen ist, stieß ich auf ein anderes Wurmmittel, dass ich sehr erfolgreich in fast allen meinen Aquarien schon zum Einsatz gebracht habe. Panacur (Wirkstoff: Fenbendazol) ist nur über einen Tierarzt zu bekommen. Eine Tablette enthält 250 mg des Wirkstoffes. Zur Behandlung wird ein Viertel einer Tablette (62,5 mg Wirkstoff) auf 100 Liter Aquarienwasser in einem Becher aufgelöst und ins Aquarium gegeben. Am zweiten Tag nach dem Einsatz ist die Anzahl der Planarien schon deutlich reduziert. Nach vier Tagen konnte ich keine lebenden Scheibenwürmer mehr ausmachen. Das Mittel soll auch die Eier mit abtöten. Zur Sicherheit behandele ich nach fünf Tagen noch einmal mit der gleichen Menge. Nach weiteren zehn Tagen führe ich einen ausgiebigen Wasserwechsel durch. Ich habe Panacur in Aquarien mit unterschiedlichstem Besatz und auch abweichenden Wasserwerten eingesetzt und war überall erfolgreich. Weder Schnecken, Garnelen noch Fische wurden in irgendeiner Form geschädigt.

Fallen:
Behälter mit einer oben reusenartigen Öffnung und einem Köder (zum Beispiel Rindfleisch) im Inneren eignen sich gut um Planarien aufzusammeln.

Wasserwerte:
pH-Werte von unter 4 werden von den Scheibenwürmern nicht vertragen. Temperaturen von 35 bis 40 °C können sie ebenfalls nicht überleben. Leider ist das auch für viele andere Beckeninsassen nicht zu verkraften, so dass man sie zuvor in ein anderes Aquarium umsetzen muss.

Feindfische:
Einige Labyrinthfische wie zum Beispiel Makropoden sollen Planarien zum Fressen gerne haben.

Absammeln:
Regelmäßiges Anheben von Dekorationsgegenständen und Abspülen der Planarien unter einem harten Wasserstrahl.

Elektrizität:
Die elektrische Methode mit zwei Kupferdrähten und einer Batterie, bei der Kupferionen freigesetzt werden, sollte man lieber nicht anwenden.

Schnecken

Schnecken werden erst zur Plage, wenn sie massenhaft auftreten. Dann reichen ihnen Algen und Futterreste meist nicht mehr aus, und die Bepflanzung wird sichtbar geschädigt. Besonders Spitzschlammschnecken und Posthornschnecken können im heimischen Aquarium schnell zur Plage werden. Bei Schnecken halte ich nichts von einer chemischen Bekämpfung, weil bei unsachgemäßer Dosierung auch Pflanzen und sogar Fische Schaden davon tragen können. Wenn man regelmäßig Gurkenscheiben oder auch rohe geschälte Möhren als Köder im Aquarium auslegt, lassen sie sich schon nach wenigen Stunden absammeln und so in Schach halten. Damit die Köder nicht aufschwimmen werden sie zum Beispiel mit einem Stahlnagel durchstochen. Nach zwei bis drei Tagen sollten die Köder getauscht beziehungsweise entfernt werden, weil dann die Zersetzung beginnt. Im Aufzuchtbecken ohne Dekorationsgegenstände sind sie ebenfalls durch regelmäßiges Aufsammeln gut zu reduzieren.

Ein aktiver biologischer Feind aller Schneckenarten ist die aus Südostasien stammende und in der Familie Buccinidae eingeordnete Raub-Turmdeckelschnecke *Anentome helena*. Sie wird etwa 20 Millimeter groß, jagt oder lauert auf andere Schneckenarten, um sie dann aufzufressen. Sie frisst aber auch Aas, Fischen tut sie dagegen nichts zu Leide. Auch die Bepflanzung wird von ihr nicht geschädigt. Einige Züchter haben aber schon beobachtet, dass sie Garnelen angreift. Sind keine Schnecken mehr vorhanden,

Schnecken können zur Plage werden, wenn sie sich massenhaft vermehren.

Möhren- oder Gurkenscheiben eignen sich hervorragend als Köder.

von oben:
Die Raub-Turmdeckelschnecke frisst andere Schneckenarten.

Der Orangfarbene Zwergkrebs sieht nicht nur schön aus, sondern eignet sich auch zur Schneckenbekämpfung.

lässt sie sich auch mit Frost- und sogar Trockenfutter ernähren. *Anentome helena* ist getrennt geschlechtlich und legt einzelne Eier an Pflanzenblätter oder auch an der Dekoration ab. Zur Bekämpfung einer Plage mit Posthornschnecken sollten mehrere Raub-Turmdeckelschnecken eingesetzt werden. Leider ist sie zur Bekämpfung einer Planarienplage nach meinen eigenen Erfahrungen nicht zu gebrauchen.

Eine weitere Möglichkeit, Schnecken biologisch zu bekämpfen, ist die gemeinsame Pflege mit Flusskrebsen. Fast alle Arten aus den Gattungen *Procambarus*, *Orconectes* und *Cambarellus* fressen mit Vorliebe Schnecken. Da die meisten von ihnen sich jedoch an der Aquarienbepflanzung vergreifen (ausgraben oder sogar auffressen), außerdem angriffslustig sind und sich an Fischen gütlich tun, kann ich nur die Zwergkrebse der Gattung *Cambarellus* empfehlen. *Cambarellus patzcuarensis* mit seiner sehr attraktiven Farbform „orange" ist für ein Gesellschaftsbecken mit Lebendgebärenden Zahnkarpfen hervorragend geeignet und auf Grund seiner geringen Größe schon für kleinste Aquarien einsetzbar.

Als Schneckenvertilger eignen sich auch die Prachtschmerle *Chromobotia macracanthus* und Kugelfische, die aber als Gesellschaftsfische nicht immer ganz unproblematisch sind.

Ein bisschen Mendel

Aquarianer, die nicht nur ihre Lieblinge pflegen oder vielleicht noch zur Bestandserhaltung vermehren wollen, sondern darüber hinaus auch gezielt farbliche und körperbauliche Merkmale verstärken oder sogar neue Zuchtformen kreieren möchten, sollten sich ein wenig mit der Vererbungslehre auskennen. Der Mönch Gregor Mendel stellte 1865 drei Regeln auf. Bei der Forschung an Erbsenpflanzen untersuchte er, nach welchem Muster sich verschiedene Merkmale weiter vererben. Vor der kurzen Beschreibung der drei Mendelschen Regeln sollen zuvor noch einige fachliche Begriffe erklärt werden.

Dominant (B)/rezessiv (b)

Die Kombination der in Paaren vorkommenden Gene bestimmt, wie die einzelnen Merkmale – zum Beispiel Grundfarbe, Deckfarbe oder Flossenform – ausgeprägt sein werden. Ein Gen ist **dominant** (beherrschend), wenn seine Wirkung die des rezessiven Gens unterdrückt. Dominante Gene werden im Schema mit einem großen Buchstaben (zum Beispiel A oder B) dargestellt. **Rezessive** (unterdrückte) Merkmale sind vorhanden – aber nur dann sichtbar –, wenn sie mit einem anderen rezessiven Gen alleine kombiniert werden. Ein kleingeschriebener Buchstabe (zum Beispiel a oder b) wird hierfür im Schema verwendet.

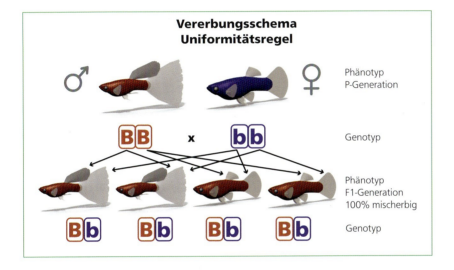

Reinerbig (Homozygot)

Jedes Individuum besitzt von einem Gen, das ein Merkmal kodiert, zwei Kopien. Die Varianten des Gens werden als **Allele** bezeichnet. Wenn beide Allele gleich sind, ist das Individuum bezogen auf dieses Merkmal reinerbig, zum Beispiel (AA) oder (BB).

Mischerbig (Heterozygot)

Liegt bei einem Merkmal das Gen in zwei verschiedenen Allelen (Ausprägungen eines Gens) vor, ist es mischerbig (zum Beispiel (Bb) oder (Ss)).

Phänotyp

Der Phänotyp ist die Summe aller Merkmale eines Organismus.

Genotyp

Die Erbeigenschaften werden durch den Genotyp beschrieben. Dieser zeigt die exakte genetische Ausstattung eines Organismus an.

Zur Veranschaulichung wurden in den Schemata für die 1. und 2. Regel nach Mendel Lebendgebärende mit dem Merkmal ‚Grundfarbe' gewählt. Das Männchen der Elterngeneration (P-Generation) ist dominant rot (BB) und das Weibchen rezessiv blau (bb). Für die Erklärung der 3. Mendelschen Regel wurde zusätzlich als dominantes Merkmal der Schwanzwurzelfleck gewählt.

Daraus ergeben sich die folgenden Schreibweisen:
- (BB): Kombination zweier dominanter Gene-dominant reinerbig
- (bb): Kombination zweier rezessiver Gene-rezessiv reinerbig
- (Bb): Kombination eines dominanten mit einem rezessiven Gen-mischerbig
- (BB)(SS): Kombinationen zweier dominanter Gene für die Grundfarbe und zweier dominanter Gene für die Ausbildung eines Schwanzwurzelflecks-doppelt dominant reinerbig

Uniformitätsregel

Bei der Verpaarung von zwei Individuen, die sich in einem Merkmal unterscheiden, für das sie jeweils reinerbig (homozygot) sind (BB x bb) sehen alle Nachkommen gleich aus. Für die Ausprägung dieses Merkmales gibt es zwei unterschiedliche Erbgänge.

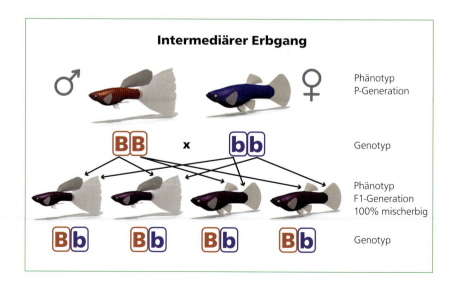

Dominant-rezessiver oder intermediärer Erbgang

Bei der dominant-rezessiven Vererbung (BB) x (bb) setzt sich das dominante Gen durch und alle F1-Nachzuchten gleichen in diesem Merkmal dem dominanten Elternteil. Das Ergebnis ist 100 Prozent mischerbig (Bb). F1 steht für die erste Tochtergeneration (Filialgeneration). Werden beim intermediären Erbgang zwei in einem Merkmal unterschiedliche aber jeweils diese Merkmalsausprägung gleichwertig tragende Individuen verpaart, wird der Phänotyp der F1-Nachzuchten von beiden Allelen beeinflusst. Aus reinerbigen Lebendgebärenden der P-Generation mit den Allelen rot beziehungsweise blau würden hier violettfarbene Nachzuchten zu 100 Prozent.

Spaltungsregel

Wenn zwei mischerbige (heterozygote) Individuen (Bb) x (Bb) verpaart werden, sind die Nachkommen nicht mehr gleichförmig. Sie spalten sich in einem bestimmten Zahlenverhältnis auf. In unserem Beispiel bekommen wir bei der Verpaarung zweier mischerbiger Lebendgebärender, beim dominant-rezessiven Erbgang mit der dominanten Grundfarbe Rot und der rezessiven Grundfarbe Blau 25 Prozent reinerbige rote F2-Nachzuchten (BB), 50 Prozent mischerbig rote (Bb) und 25 Prozent reinerbig blaue Nachzuchttiere (bb).

Das heißt, wenn man von einem dominant roten und einem rezessiv blauen Elterntier blaue Nachwuchstiere haben möchte, gelingt das bei dieser Vorgehensweise erst in der F2-Generation mit 25 Prozent Anteil.

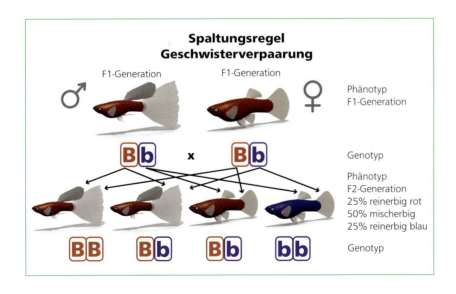

Rückkreuzung

Einen größeren Erfolg bringt die Rückkreuzung zwischen einem mischerbig roten F1-Nachwuchstier mit dem reinerbigen blauen Elterntier. In der F2-Generation erhält man sogar 50 Prozent reinerbig blaue Nachwuchstiere. Die anderen 50 Prozent sind mischerbig rot.

Unabhängigkeitsregel/Neukombinationsregel

Bei den ersten beiden Gesetzen wurden Kombinationen von nur einem Merkmal (zum Beispiel Grundfarbe) betrachtet. Bei der Verpaarung von Lebendgebärenden gibt es jedoch eine ganze Reihe von Merkmalen wie Schwanzwurzelfleck, Doppelschwert oder Schwarzfärbung von Rücken und Schwanzflosse. Bei der Kombination von zum Beispiel zwei Merkmalen, die jeweils doppelt dominant (rot und Schwanzwurzelfleck) beziehungsweise doppelt rezessiv (blau und kein Fleck) vorliegen, entstehen in der F1-Generation 100 Prozent mischerbige Tiere mit den dominanten Merkmalen. Die F2-Generation ergibt eine Aufspaltung mit folgenden Anteilen:

- 9 (56,25 Prozent) rot mit schwarzem Schwanzwurzelfleck
- 3 (18,75 Prozent) rot ohne schwarzen Schwanzwurzelfleck
- 3 (18,75 Prozent) blau mit schwarzem Schwanzwurzelfleck
- 1 (6,25 Prozent) blau ohne schwarzen Schwanzwurzelfleck

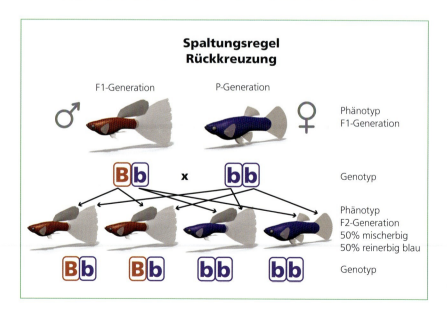

Geschlechtskontrollierte Vererbung

Bei Lebendgebärenden werden einige Merkmale, wie zum Beispiel Doppelschwert (Ds), Nigrocaudatus (Ni), Tigrinus (Ti) oder Armatus (Ar) nur über das X- oder Y-Geschlechtschromosom vererbt. Merkmale, die am männlichen Y-Chromosom hängen, werden nur an den männlichen Nachwuchs weitergegeben.

Da dieses Thema zu komplex ist, um hier behandelt zu werden, empfehle ich Interessierten die weiterführende Literatur im Anhang.

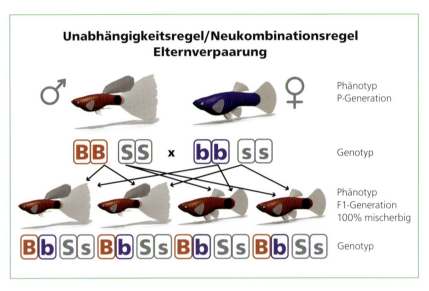

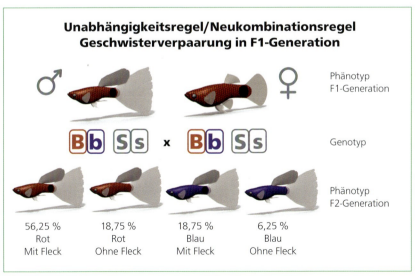

Züchterpraxis Zuchtformen

Um bei der Zucht die gewünschten Verbesserungen beziehungsweise Veränderungen im Phänotypus zu erreichen, muss systematisch vorgegangen werden. Mit den entsprechenden Ausgangstieren, die man auf Ausstellungen oder in Vereinen erwerben kann, lässt sich mit einer ausreichend großen Anzahl Aquarien, einem Grundwissen der Vererbungsregeln von Mendel und viel Geduld das Zuchtziel erreichen. Als Zuchtbecken für Pärchen und Trios eignen sich besonders gut Aquarien von 40 bis 50 Zentimeter Länge. Langfristig kann man einen Stamm nur mit Inzucht und Linienzucht auf hohem Niveau halten. Ein gewissenhafter Züchter sollte zur besseren Übersicht und zur langfristigen Planung mit sogenannten Zuchtkarten, wie man sie zum Beispiel mit Hilfe eines Tabellenkalkulationsprogramms erzeugen kann, arbeiten. Hier werden die Ausgangsdaten der Elterntiere und die laufenden Nachzuchten mit Datum, Anzahl und Phänotypus regelmäßig notiert.

Inzucht

Um erbfeste Nachzuchttiere mit gewünschten Merkmalen zu erhalten, kommt man um die Inzucht nicht herum. Durch entsprechende Selektion müssen die gewünschten Merkmale gefestigt und die unerwünschten (zum Beispiel Verkrüppelung und Zwergenwuchs) ausgesondert werden. Es werden immer nahe miteinander verwandte (zum Beispiel Vater x Toch-

Zuchttier Nr.:1 ♀		Zuchtkarte Poeciliiden WoKoAqua.de			**Stamm:** Endlers Guppy			
Geburt: 01.10.2009					**Farbschlag:** Red Scarlet			
Bes.: —		**Flo.:** normal		**Größe:** 4cm	**Herkunft:** xxxxx			
	Partner Nr.	Angesetzt am	Abgesetzt am	Geworfen am	Zucht Nr.	Phänotyp der Nachkommen		Anzahl Nachkommen
						Männchen	Weibchen	Geburt	Adult
1.	2 ♂	1.4.10	3.4.10	15.5.10	Z 1 II	5x weiß 15x rot	5x blond 15x wildgrau	40	38
2.									
3.									
4.									
5.									
6.									
7.									
8.									
9.									
10.									
11.									
12.									
13.									

ter oder Bruder x Schwester) Fische verpaart. Nur die, dem Ziel am nächsten kommenden werden hierzu angesetzt. In der Folge werden immer nur die in jeder Hinsicht (Gesundheit, Form und Farbe) besten Tiere wieder zur Zucht verwendet.

Sofern der Zuchtstamm groß genug ist und nur gesunde Tiere verwendet werden, kommt es auch über Generationen nicht zu Degenerationserscheinungen. Mit Hilfe der Rückkreuzung, die schon erwähnt wurde, erreicht man schneller seine Zuchtziele.

Linienzucht

Zur Vermeidung von Inzuchterscheinungen ist die Zucht in mehreren Linien anzustreben. Bei der Verpaarung wird zum Beispiel ein Männchen mit zwei bis drei seiner Schwestern verpaart. Die jeweils entstehenden Jungtiere werden nun getrennt voneinander groß gezogen und in den so entstehenden zwei beziehungsweise drei Linien in Inzucht weiter vermehrt. Für zwei Linien benötigt man mindestens acht Aquarien. Nach mehreren Generationen sollten die Linien, die auf das gleiche Zuchtziel hin erhalten wurden, untereinander gekreuzt werden.

Schwarmzucht

Ein bereits durchgezüchteter stabiler Stamm einer Zuchtform eines Lebendgebärenden kann in einem größeren Schwarm (mehr als 30 Tiere) in einem entsprechend großen Aquarium (200 bis 300 Liter) genetisch stabil weiter gezüchtet werden. Natürlich sollte auch hier Selektion stattfinden. Nur die Schönsten bleiben im Stamm. Ein solcher Zuchtstamm eignet sich auch sehr gut, um in eine weitergeführte Linie des Stammes (mit den gleichen Merkmalsausprägungen) nach Generationen frisches Blut einzukreuzen.

Ausstellungstiere züchten

Bei der Zucht von Tieren, die auf Ausstellungen gezeigt und auch bewertet werden sollen, werden die Merkmale bei den einzelnen Zuchtformen der Lebendgebärenden durch Standards vorgegeben. Um diesen möglichst nahe zu kommen, bedarf es viel Geduld und langjähriger züchterischer Praxis. Nur die wenigsten Züchter halten über Jahre ein hohes Niveau.

Poecilia gillii x Gold-Molly (Hybride).

Arthybriden

Innerhalb einiger Gattungen, wie zum Beispiel *Xiphophorus* oder *Limia*, lassen sich unterschiedliche Arten miteinander kreuzen. Die hierbei entstehenden Hybriden sind in vielen Fällen nicht oder nur verringert fertil (fruchtbar). Durch den Heterosis-Effekt entstehen oft sehr vitale und attraktive Nachzuchttiere. Bei der zufälligen Verpaarung der Wildform *Poecilia gillii* und der Zuchtform Gold-Molly von *Poecilia sphenops* entstanden bei mir sehr attraktive Mollys, die auch in der nächsten Generation fortpflanzungsfähig waren.

Qualzuchten

In Deutschland werden Qualzuchten mit Hilfe von §11b des Tierschutzgesetzes definiert. Sinngemäß können folgende Aussagen dem Gesetz entnommen werden.

- Es dürfen keine Körperteile oder Organe durch züchterische Maßnahmen fehlen beziehungsweise untauglich gemacht worden sein.

- Es ist verboten, Wirbeltiere zu züchten, deren Merkmalsausprägungen das natürliche Verhalten beim Selbstaufbau, Selbsterhalt und bei der Fortpflanzung stören.
- Veränderungen dürfen nicht zu Verhaltensstörungen oder Aggressionssteigerungen führen.

Bis jetzt sind noch keine Fische als Qualzuchten eingestuft worden. Als unerwünschte Zuchtformen sollte man bei Lebendgebärenden Zahnkarpfen Tiere mit folgenden Merkmalen ansehen:

- Flossenverlängerungen, die eine normale Schwimmposition nicht mehr ermöglichen. Guppys mit extrem großer Schwanzflosse würden darunter fallen.
- Flossenverlängerungen, die die natürliche Fortpflanzung einschränken beziehungsweise sogar unmöglich machen.
- Deformationen der Wirbelsäule, wie sie zum Beispiel beim Ballonplaty und beim Ballonmolly bekannt sind.
- Künstliche Einfärbungen

Der Ballonplaty ist eine unerwünschte Zuchtform.

▲ Korallenplaty Schwarz II
▼ Der Blackmolly.

Krankheiten

Die beste Vorbeugung gegen Krankheiten ist auch bei Lebendgebärenden Zahnkarpfen eine artgerechte Pflege. Als Auslöser einer Krankheit können folgende Faktoren genannt werden:
- Stress beim Transport, durch eine zu hohe Besatzdichte im Aquarium und durch eine falsche Vergesellschaftung
- Abrupte Änderung der Wasserparameter bei Wasserwechsel oder Umsetzen in ein anderes Aquarium
- Falsche Wasserwerte (zu hart, zu kalt, zu weich)
- Biologisch und chemisch stark verunreinigtes Wasser
- Falsche Ernährung
- Verletzung beim Fang oder durch scharfkantige Dekorationsgegenstände.
- Einschleppung von Krankheitserregern durch Tümpelfutter

Es gibt keine spezifischen Krankheiten, die nur bei Lebendgebärenden Zahnkarpfen auftreten. Durch tägliches Beobachten, insbesondere bei der Fütterung, lassen sich plötzlich auftretende Erkrankungen einzelner Tiere feststellen.

Anzeichen für eine mögliche Erkrankung sind:
- Unnatürliche Schwimmbewegungen (taumeln, schaukeln, scheuern an Dekorationsgegenständen und Apathie)
- Körperveränderungen (Abmagerung, Schuppensträube)
- Flossenveränderungen (Trübungen)
- Augenveränderungen (Glotzaugen, Trübungen)
- Fressunlust
- Hautauffälligkeiten (Rötungen, weiße Flecke, schwarze Stellen)
- Weißlicher Kot
- Sich absondern
- Schnappen nach Luft

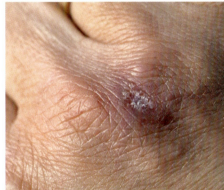

Mykobakterien, die die Fischtuberkulose auslösen, können für Aquarianer gefährlich werden. Die infizierte Wunde am Handrücken zeigt dies deutlich.

Micropoecilia picta mit starker Wirbelsäulenkrümmung.

Bei einer Erkrankung einzelner Tiere sollten diese in einem separaten Aquarium behandelt werden. Einige Krankheiten, wie der Befall mit *Ichthyophthirius*, erfordern die Behandlung des kompletten Beckens. Beim Erwerb neuer Fische im Zoofachhandel, auf Börsen oder beim Züchter, sollte man schon darauf achten, möglichst nur Tiere zu erwerben, die keine Verhaltensabnormitäten zeigen, körperlich keine Mängel aufweisen und der Art entsprechend gefärbt sind.

Neuankömmlinge sollten immer mindestens einer zweiwöchigen Quarantäne unterzogen werden. Erst wenn keine Anzeichen von Krankheiten ersichtlich sind, können sie ins Hälterungsbecken gesetzt werden.

Bevor man zum Einsatz eines Heilmittels greift, muss die richtige Diagnose gestellt werden. Eine Lupe oder – soweit vorhanden ein Mikroskop – und ein entsprechendes Fachbuch helfen bei der Bestimmung. Wenn man sich nicht sicher ist, kann man beim Zoohändler oder bei einem Aquarienverein nachfragen. In den meisten Vereinen gibt es Mitglieder, die sich mit Fischkrankheiten ausreichend gut auskennen. Natürlich kann ein entsprechend spezialisierter Tierarzt weiterhelfen. Eine Diagnose mit anschließender Behandlung kann hier aber die Kosten des zu behandelnden Fisches um ein Vielfaches überschreiten.

Im Folgenden sollen nur einige häufig auftretende Krankheiten bei Lebendgebärenden Zahnkarpfen und deren Behandlung Erwähnung finden:

Wildguppy mit Weißpünktchenkrankheit.

Ichthyophthirius multifiliis (Weißpünktchenkrankheit)

Hierbei handelt es sich um einen Schwächeparasiten, der sich nach dem ersten Auftreten rasend schnell auf den kompletten Bestand ausbreitet. Befallene Fische sind am gesamten Körper mit kleinen weißen Punkten übersät. Zur Behandlung gibt es im Zoofachhandel diverse Präparate die Malachitgrün, Methylenblau oder auch Acriflavin enthalten. Die Dosierung erfolgt streng nach Gebrauchsanweisung.

Verpilzungen

An Verletzungen durch Bisse anderer Beckeninsassen und durch scharfkantige Dekorationsgegenstände entstehen oftmals Verpilzungen. Durch schmutziges Wasser und eine allgemeine Schwächung werden die Wunden befallen. Der Pilz breitet sich dann immer weiter aus. Zu erkennen ist eine Verpilzung an den wattebauschartigen Belägen.

Columnaris-Krankheit

Diese Krankheit wird oft auch als Lebendgebärenden-Krankheit bezeichnet. Es handelt sich um eine Infektionskrankheit durch *Flexibacter columnaris*. Zu den Symptomen gehören rote Lippen, weißliche Stellen am ganzen Körper, eine Rötung der Flossen und Maulschimmel. Es kann zu einem Massensterben kommen. Stark befallene Fische sollten schnellstens entfernt werden.

Eine frühzeitige Behandlung kann mit verschreibungspflichtigen Medikamenten durchaus zum Erfolg führen. Handelsübliche Präparate zeigen bei dieser Krankheit in der Regel wenig Wirkung.

Bei der Behandlung mit Präparaten aus dem Zoofachgeschäft müssen die Dosierungsanweisungen des Beipackzettels unbedingt berücksichtigt werden. Zur weiteren intensiven Beschäftigung mit diesem Thema verweise ich auf die Spezialliteratur.

von oben:
Priapichthys puetzi mit stark geschädigten Flossen.

Der gleiche Fisch nach wenigen Wochen. Die Flossen haben sich wieder regeneriert.

Natürliche Heilmittel

Seit einiger Zeit ist auch bei deutschen Aquarianern ein natürliches Heil- und Vorbeugungsmittel immer beliebter, das in Asien schon lange bei der Zucht von Diskusfischen und Labyrinthern eingesetzt wird. Getrocknete

Blätter des Seemandelbaumes *Terminalia catappa*. Diese geben an das Wasser Stoffe ab, die einem Bakterienbefall und Krankheiten entgegen wirken. Die Gerbstoffe haben eine leicht desinfizierende und fungizide Wirkung. Während des Einsatzes der Seemandelbaumblätter färbt sich das Wasser bernsteinfarben. Der pH-Wert wird nur geringfügig gesenkt. Bei der Vorbeugung gegen Flossenfäule und Schleimhautprobleme hat sich der Einsatz bewährt. Auch beim schnelleren Abheilen von Wunden zeigt der Einsatz Wirkung. Viele Züchter schwören auf die positive Wirkung gegen Laichverpilzung. Die keimreduzierende Wirkung ist bei der Pflege und Zucht in jedem Fall positiv. Die abgesonderten Huminstoffe können nachweislich Umweltgifte binden und so deren Eindringen in den Fischkörper verhindern. Auf 100 Liter Aquarienwasser werden zwei bis drei Blätter gerechnet, die zunächst ein bis zwei Tage an der Wasseroberfläche schwimmen und dann langsam zu Boden sinken. Man kann sie natürlich – mit einem Stein beschwert – auch sofort im Becken positionieren. Die Blätter geben ungefähr zwei Wochen lang ihre Wirkstoffe an das Wasser ab. Anschließend kann man sie als Dekoration oder auch Futter für die Welse und Garnelen im Aquarium belassen. Lagern sollte man Seemandelbaumblätter trocken, luftdurchlässig und lichtgeschützt.

Seit Kurzem gibt es vom Seemandelbaum auch getrocknete Rinde. Diese wird vor der Verwendung gründlich unter Wasser abgespült und dann ins Aquarium gegeben. Nach ein bis drei Tagen sinkt sie zu Boden und hat dann noch den Nutzen, als Dekoration und als Unterschlupf für Wirbellose und Welse zu dienen.

Es gibt auf dem Markt ein Präparat aus getrockneten und anschließend granulierten Seemandelbaumblättern namens „Bio-Leaf". Es wird in teebeutelähnlichen Behältnissen verpackt angeboten. Die positiven Eigenschaften sollen hier schneller zum Tragen kommen. Leider kostet es dafür auch etwas mehr.

Die Rinde des Seemandelbaumes eignet sich ebenfalls hervorragend zur Keimreduzierung.

Blätter des Seemandelbaumes haben eine keimreduzierende Wirkung.

▲ Segelkärpfling Orange
▼ „Red spotted Blond"

Wildformen

Im folgenden möchte ich einige Arten vorstellen, welche ich selbst in den vergangenen Jahren gepflegt und auch nachgezüchtet habe. Viele Wildformen sind über den normalen Zoofachhandel nur schwer oder oft

Tribus	Gattung	Artenzahl	Vorkommen
Alfarini HUBBS, 1924	Alfaro MEEK, 1912	2	Guatemala, Panama
Cnesterodontini HUBBS, 1924	Cnesterodon GARDMAN, 1895	10	Südostbrasilien, Argentinien
	Phalloceros EIGENMANN, 1907	22	Uruguay, Argentinien, Südost-Brasilien
	Phalloptychus EIGENMANN, 1907	2	Paraguay, Uruguay, Ost-Brasilien
	Phallotorynus HENN, 1916	6	Paraguay, Argentinien und Süd-Brasilien
	Tomeurus EIGENMANN, 1909	1	Nordöstliches Südamerika
Gambusiini GILL, 1893	Belonesox KNER, 1860	1	Südmexiko bis Nicaragua
	Brachyrhaphis REGAN, 1913	12	Südmexiko bis Panama
	Gambusia POEY, 1854	44	Atlantische Küstengewässer der USA, in Mittelamerika, Nord-Kolumbien und Karibikinse
Girardinini HUBBS, 1924	Carlhubbsia WHITLEY, 1951	2	Mexiko und Guatemala
	Girardinus POEY, 1854	7	Karibikinsel Kuba
	Quintana HUBBS, 1934	1	Westlicher Teil Kubas
Heterandriini HUBBS, 1924	Heterandria AGASSIZ, 1853	10	Süd-Carolina, Georgia, Florida, Louisiana. Guatemala, Honduras, Nicaragua, Mexiko
	Neoheterandria HENN, 1916	3	Panama und Kolumbien
	Poeciliopsis REGAN, 1913	24	Süden der USA, Südmexiko, Guatemala, Honduras, Kolumbien
	Priapichthys REGAN, 1913	7	Costa Rica, Panama, Ecuador, Kolumbien
	Pseudopoecilia REGAN, 1913	3	Panama, Kolumbien, Ecuador bis zur Grenze na
	Xenophallus HUBBS, 1924	1	Costa Rica
Poeciliini BONAPARTE, 1831	Limia POEY, 1854	21	Jamaika, Kuba, Little Cayman, Grand Cayman und Hispaniola
	Micropoecilia HUBBS, 1926	5	Brasilien, den Guyana-Ländern, Venezuela und Trinidad.
	Pamphorichthys REGAN, 1913	6	Norden und Nordosten Südamerikas
	Phallichthys HUBBS, 1924	5	Südmexiko bis nach Panama
	Poecilia BLOCK & SCHNEIDER, 1801	35	Süden der USA, Mittelamerika, Karibikinseln, Südamerika.
	Pseudolimia POESER, 2002	1	Küstenregion Venezuelas
	Xiphophorus HECKEL, 1848	28	Nord-Mexiko bis Honduras
Priapellini Ghedotti, 2000	Priapella REGAN, 1913	5	Rio Coatzacoalcos-System, Oaxaca, Rio Grijalva, Chiapas in Mexiko
Scolichthyini ROSEN, 1967	Scolichthys ROSEN, 1967	2	Alta Verapaz in Guatemala
Xenodexini HUBBS, 1950	Xenodexia HUBBS, 1950	1	Hochland von Guatemala

überhaupt nicht zu bekommen. Hier empfiehlt sich ein Besuch, der für Lebendgebärende Zahnkarpfen spezialisierten Vereinigungen wie der DGLZ und dem Arbeitskreis Lebendgebärende im VDA. Für dieses Buch habe ich in erster Linie Arten berücksichtigt die zumindest gelegentlich im gut sortierten Zoofachgeschäft angeboten werden, ergänzt durch die eine und andere Besonderheit. Die Auflistung der Wildformen erfolgt alphabetisch nach Tribus geordnet und dort wiederum alphabetisch nach Gattung und Art.

Zur besseren Übersicht finden Sie alle Tribus und Gattungen mit Artenzahl, Herkunftsländern und Besonderheiten in der nachfolgenden Tabelle:

Besonderheiten
Langgestreckte, oberflächenorientierte Lebendgebärende, die zwischen Afterflosse und Schwanzflosse einen messerartig vorstehenden Schuppenkiel besitzen. Primitiver Aufbau des Gonopodiums.
Farblos, teilweise durchsichtig, kleinbleibend, empfindlich, schwer zu pflegen, Männchen haben ein sehr langes Gonopodium.
Schlank, Männchen mit langem Gonopodium, begrenztes Verbreitungsgebiet bei vielen Arten.
Männchen mit sehr langem Gonopodium.
Männchen mit sehr langem Gonopodium und geweihartigem Anhängsel an der Spitze.
Sehr ursprüngliche Art mit abweichender Fortpflanzungsbiologie. Legt Eier mit Hilfe von Haftfäden an Pflanzen ab.
Der Räuber *Belonesox belizanus* hat eine völlig abweichende Kopfform.
Bunt gefärbte Arten mit einem schwarzen Fleck an der Analflossenbasis. Meist ruppig und jagt dem Nachwuchs nach. Oberflächenorientiert mit innerartlicher Aggressivität.
Zur Bekämpfung von Mückenlarven sind einige Arten weltweit in Malariagebieten ausgesetzt worden. Diese ruppigen Poeciliiden bevorzugen fleischliche Nahrung.
Männchen haben ein langes Gonopodium. Die Arten sind nicht leicht zu pflegen und schwer zu vermehren.
Ausschließlich kleinbleibende Poeciliiden mit sehr langem Gonopodium. Langgestreckte Lebendgebärende, sehr lebhaft, aber friedlich. Reagieren empfindlich auf Veränderungen.
Empfindlich bei Änderung der Wasserparameter.
Gestreckter Körperbau mit dunklem Fleck vor der Schwanzflosse. Bei einigen Arten Superfötation.
Mindestens eine Art mit Superfötation.
Schlank, klein, langes Gonopodium, Seitenflecke bei den meisten Arten, Superfötation bei mindestens einer Art.
Langes Gonopodium.
Starke Ähnlichkeit zur Gattung *Heterandria*
Name bedeutet so viel wie „mit ungewöhnlichem Glied" und spielt auf die Form des Gonopodiums an.
Sehr attraktiv gefärbt, leicht zu pflegen und zu vermehren. Werden auch als Unterart von *Poecilia* geführt, kreuzen sich untereinander leicht.
Klein und meist farbenprächtig, nicht ganz einfach in der Pflege. Leben teilweise sympatrisch mit Wildguppys. Alle Arten sind stark polychromatisch. Oft als Untergattung zu *Poecilia* geführt.
Alle Arten dieser Gattung sind mit max. 2,5 cm sehr klein.
Gedrungen, hochrückig und mit einem sehr langen, abgespreizt getragenen Gonopodium. Sehr attraktiv, aber nicht ganz einfach in Pflege und Zucht.
Die bekannteste Gattung zeichnet sich durch Vielzahl der Körperformen und Farbausprägungen aus. Die Arten haben die kürzesten Gonopodien, sind sehr anpassungsfähig und leicht zu pflegen.
Die Gattung wird kaum anerkannt.
Sehr beliebt. Obwohl nicht alle Arten einen Schwertfortsatz haben, bezieht sich der Gattungsname heute auf die Flossenverlängerung. Sehr schwimmfreudig, gut zu pflegen und zu vermehren. Männchen sind oft sehr ruppig untereinander. Die Totallänge beim Männchen ist ohne das Schwert angegeben.
Haben einen Schuppenkiel an der Körperunterseite. Stark oberflächenorientierte Poeciliiden mit leuchtenden Augen. Benötigen viel Schwimmraum.
Der Name bedeutet Dornenfisch und bezieht sich auf die Gonopodiumsspitze bei den Männchen.
Name bedeutet „fremde Hand" und bezieht sich auf die rechte Pectoralflosse, die einer Hand ähnlich sieht. Unterstützt vermutlich im stark strömenden Wasser die Kopulation.

Foto: B. Kahl

Erklärung der Piktogramme

 Verbreitung

 Totallänge. Länge inkl. Schwanzflosse. Bei Schwertträger ohne Schwert.

 Äußere Merkmale (Farbe, Form von Flossen, Kopf und Körper)

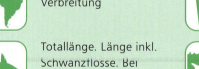 Größe des Aquariums

 Pflegetemperatur

 Verhalten

 Zucht

Alfaro cultratus (REGAN, 1908)
Messerschwanzkärpfling, Amazonenkärpfling

Tribus: *Alfarini* HUBBS, 1924
Gattung: *Alfaro* MEEK, 1912

 Nicaragua, Costa Rica, Panama

 Männchen 6 cm, Weibchen 8 cm

 langgestreckt, seitlich abgeflacht, graubraun, Messerkiel an Körperunterseite, Leuchtaugen

Männchen und Weibchen von *Alfaro cultratus*.

 ab 80 cm

 22 bis 28 °C

Weibchen von *Alfaro cultratus*.

 lebhaft, friedlich, springfreudig

 20 bis 50 Jungtiere, 8 bis 9 mm

Besonderheiten: keine

Cnesterodon decemmaculatus (Jenyns, 1842)
Zehnfleckkärpfling, "Dezi"

Tribus: *Cnesterodontini* Hubbs, 1924
Gattung: *Cnesterodon* Garman, 1895

 Bolivien, Brasilien, östliches Paraguay, Uruguay bis Argentinien

 Männchen 2,5 cm, Weibchen 4 cm

 langgestreckt, kleiner Kopf, oliv, alle Flossen transparent, Männchen hohlbäuchig; 6 bis 12 dunkle kurze Querstreifen, metallisch schimmernd.

Weibchen von *Cnesterodon decemmaculatus*

 ab 50 cm

 20 bis 28 °C

Männchen von *Cnesterodon decemmaculatus*

 sehr friedlich, etwas empfindlich

 15 bis 30 Jungtiere, 2,5 bis 3 mm. Die Zucht ist nicht ganz einfach

Besonderheiten: *Cnesterodon decemmaculatus* sollte nach Möglichkeit separat im Artbecken gepflegt werden

Phalloceros caudimaculatus (Hensel, 1868) – Kaudi, Schwanzfleckkärpfling, Einfleckkärpfling

Tribus: *Cnesterodontini* Hubbs, 1924
Gattung: *Phalloceros* Eigenmann, 1907

 Paraguay, Uruguay, südliches Brasilien

 Männchen 3 cm, Weibchen 5 cm

 gestreckt, Normalform grau-oliv mit rundem Fleck vor dem Schwanzstiel, kleiner Kopf

Weibchen von *Phalloceros caudimaculatus*

 ab 50 cm

 18 bis 22 °C

 sehr friedlich

Männchen von *Phalloceros caudimaculatus*

 10 bis 25 Jungtiere, 5 mm

Besonderheiten: von *Phalloceros caudimaculatus* gibt es mehrere Farbmutanten, wie Scheckenkaudi, Goldkaudi. Alle sollten kühl gepflegt werden.

Belonesox belizanus Kner, 1860
Nadelhecht, Hornhechtkärpfling, Hechtkärpfling

Tribus: *Gambusiini* Gill, 1893
Gattung: *Belonesox* Kner, 1860

 Veracruz in Mexiko bis Nicaragua

 Männchen 8 bis 12 cm, Weibchen 12 bis 18 cm

 langgestreckt, großer zugespitzter Kopf, grau mit kleinen dunklen Flecken, viele scharfe Zähne

Weibchen von *Belonesox belizanus*

 ab 100 cm

 24 bis 28 °C

 räuberisch, scheu

Männchen von *Belonesox belizanus*

 20 bis 80 Jungtiere, 15 bis 20 mm

Besonderheiten: braucht Futterfische (Guppyzucht)

Brachyrhaphis hessfeldi Meyer & Etzel, 2001
Rotstreifen-Kärpfling

Tribus: *Gambusiini* Gill, 1893
Gattung: *Brachyrhaphis* Regan, 1913

 Panama

 Männchen 4 cm, Weibchen 5 cm

 intensive Rotfärbung der Flossen, drei horizontale orangerote Zickzack-Linien, bläulicher Glanz

Weibchen von *Brachyrhaphis hessfeldi*

 ab 80 cm

 23 bis 29 °C

 friedlich, gesellig, lebendig

Männchen von *Brachyrhaphis hessfeldi*

 10 bis 25 Jungtiere, 8 mm

Besonderheiten: Der Rotstreifen-Kärpfling ist die friedlichste Art dieser Gattung

Brachyrhaphis roseni Bussing, 1988
Rosenkärpfling

Tribus: *Gambusiini* Gill, 1893
Gattung: *Brachyrhaphis* Regan, 1913

 im Süden Costa Ricas, westliches Panama

 Männchen 4,5 cm, Weibchen 6 cm

 Fleck an Analflossenbasis bei beiden Geschlechtern, rote Dorsale und Caudale mit schwarzem Saum, dunkle Querstreifen, dunkle Schuppenränder

 ab 80 cm

 23 bis 27 °C

 lebhaft, bissig, Flossenbeißer

 15 bis 30 Jungtiere, 8 mm

Weibchen von *Brachyrhaphis roseni*

Männchen von *Brachyrhaphis roseni*

Besonderheiten: Rosenkärpflinge sollten nach Möglichkeit separat im Artbecken gepflegt werden.

Gambusia holbrooki GIRARD, 1859
Kobold-Kärpfling, Texas-Kärpfling, Silber-Kärpfling

Tribus: *Gambusiini* GILL, 1893
Gattung: *Gambusia* POEY, 1854

 im nördlichen Mexiko, im Süden der USA

 Männchen 4 cm, Weibchen 6 cm

 langgestreckt, schlank, polychromatisch

Weibchen von *Gambusia holbrooki*

 ab 80 cm

 15 bis 30 °C

 rabiate Art, streitlustig

Geschecktes Männchen von *Gambusia holbrooki*

 30 bis 50 Jungtiere, 5 bis 6 mm

Von dieser Art gibt es schwarze und gescheckte Männchen. Sie wurden im Mittelmeerraum ausgesetzt und sind dort weit verbreitet. In der älteren Literatur wird die Art als Unterart zu *G. affinis* geführt.

Carlhubbsia stuarti ROSEN & BAILEY, 1959
Stuarts Kärpfling

Tribus: *Girardinini* HUBBS, 1924
Gattung: *Carlhubbsia* WHITLEY, 1951

 Guatemala

 Männchen 4 cm, Weibchen 5 cm

 hochrückig, stark abgeflacht, Dorsale groß und dunkel gesäumt, senkrechte Streifen, sehr langes Gonopodium

Männchen von *Carlhubbsia stuarti*

 ab 60 cm

 24 bis 27 °C

 sehr friedlich, scheu

Weibchen von *Carlhubbsia stuarti*

 10 bis 40 Jungtiere, 7 mm, schwierig, schnellwüchsig

Besonderheiten: *Carlhubbsia stuarti* ist selten stabil über mehrere Generation zu erhalten.

Girardinus falcatus (EIGENMANN, 1903)
Sichelkärpfling, Glaskärpfling

Tribus: *Girardinini* HUBBS, 1924
Gattung: *Girardinus* POEY, 1854

 Kuba

 Männchen 3 bis 4 cm; Weibchen 6 cm

 länglich schlank, einfarbig bräunlich-gelb, heller Bauch, Augen leuchten bei guter Beleuchtung, langes Gonopodium. Männchen sind nur in der Natur zitronengelb

Pärchen von *Girardinus falcatus*

 ab 50 cm

 24 bis 28 °C

Weibchen von *Girardinus falcatus*

 sehr friedlich, springfreudig

 10 bis 30 Jungtiere, 9 mm

Besonderheiten: bei Änderung der Wasserparameter reagiert *Girardinus falcatus* sehr empfindlich.

Girardinus metallicus Poey, 1854
Metallkärpfling

Tribus: *Girardinini* Hubbs, 1924
Gattung: *Girardinus* Poey, 1854

Kuba

Männchen 3 bis 4 cm;
Weibchen 7 cm

graubraun, heller Bauch, Körper seitlich leicht zusammengedrückt, schwarzer Fleck in der Dorsalbasis, sehr langes Gonopodium, dunkle Querbinden

Männchen von *Girardinus metallicus* „Schwarzbauch"

ab 50 cm

25 bis 28 °C

sehr friedlich, springfreudig, lebhaft

Männchen von *Girardinus metallicus* „Gelbbauch"

20 bis 50 Jungtiere, 8 bis 9 mm. Unterschiedliche Balzverhalten: die ‚Überfallbalz' bei der Normalform und der gelbbäuchigen Form, ‚ritualisiertes Balzverhalten' bei der schwarzbäuchigen Form.

Besonderheiten: Empfindlich bei Änderung der Wasserparameter. Es gibt noch eine schwarz- und eine gelbbäuchige Form. Wegen der Unterschiede im Balzverhalten könnten es auch mehrere Arten sein.

Heterandria (Pseudoxiphophorus) bimaculata (HECKEL, 1848)
Falscher Schwertträger, Unechter Schwertträger, Zweifleckkärpfling

Tribus: *Heterandriini* HUBBS, 1924
Gattung: *Heterandria* AGASSIZ, 1853

 Mexico, Guatemala, Honduras, Nicaragua

 Männchen 5 bis 7 cm, Weibchen 9 bis 13 cm (evtl. größer)

 Körper gestreckt, graugrün, hellbraun, Bauch hell, metallischer Glanz, Schuppen dunkel gerandet, große lange flache Dorsale, großer Fleck im oberen Teil der Schwanzwurzel

 ab 80 cm

 21 bis 27 °C

 zum Teil bissig, nicht mit kleinen Arten vergesellschaften

 20 bis 100 Jungtiere, 9 bis 12 mm

Weibchen von *Heterandria bimaculata*

Männchen von *Heterandria bimaculata*

Besonderheiten: bevorzugt Tierisches Futter. Unterschiedliche Populationen vorhanden. Geschlechtsreife Weibchen jagen die Männchen sehr stark. Nicht selten versuchen sich diese mit einem Sprung aus dem Becken zu retten.

Heterandria formosa Agassiz, 1855
Zwergkärpfling, Elritzenkärpfling, Formosakärpfling

Tribus: *Heterandriini* Hubbs, 1924
Gattung: *Heterandria* Agassiz, 1853

 Südöstliches Nordamerika, Georgia, Florida, Louisiana

 Männchen 2,5 cm, Weibchen 4 cm

 grauoliv bis braun, gestreckt, kleiner Kopf, zylindrischer Körperbau, breiter Mittelstreifen, runder Fleck im Schwanzstiel und Dorsale, Querbinden

Männchen von *Heterandria formosa*

 ab 50 cm

 18 bis 25 °C

 sehr friedlich

Pärchen von *Heterandria formosa*.
Der Größenunterschied ist deutlich zu sehen.

 Superfötation. Fast täglich werden 2 bis 4 Junge mit etwa 2 mm Länge geworfen. Nach etwa 3 Wochen gibt es eine 10-tägige Wurfpause.

Besonderheiten: die Geschlechterverteilung beim Nachwuchs ist oft ungleichmäßig.

Neoheterandria elegans Henn, 1916
Elegant-Kärpfling, Teddy-Kärpfling, Schmuck-Zwergkärpfling

Tribus: *Heterandriini* Hubbs, 1924
Gattung: *Neoheterandria* Henn, 1916

 Rio Truando in Kolumbien

 Männchen 2 cm, Weibchen 3 cm

 grüngrau, langgestreckt, kleiner Kopf, dunkle Querstreifen (einer besonders breit), langes Gonopodium

Männchen von *Neoheterandria elegans*

 ab 50 cm

 22 bis 28 °C

 sehr friedlich

Weibchen von *Neoheterandria elegans*

 Superfötation. Fast täglich werden ein bis drei Junge von 2 mm Länge geworfen. Nach etwa drei Wochen gibt es eine zehntägige Wurfpause.

Besonderheiten: eine der kleinsten Arten. Kleinstfutter erforderlich, die Pflege im Artbecken ist empfehlenswert. Selten kann man einen Stamm über mehr als zwei bis drei Generationen stabil halten.

Poeciliopsis lutzi (Meek, 1902)
Lutz´ Kärpfling, Schwarzstrich-Kärpfling

Tribus: *Heterandriini* Hubbs, 1924
Gattung: *Poeciliopsis* Regan, 1913

 Gewässer der atlantischen und pazifischen Abdachung des südlichen Mexikos von Guatemalas und Honduras

 Männchen 4 cm, Weibchen 6 cm

 5 bis 7 graue bis tiefschwarze Punkte in einer Reihe horizontal

Männchen von *Poeciliopsis lutzi*

 ab 80 cm

 24 bis 28 °C

 sehr verträglich

Weibchen von *Poeciliopsis lutzi*

 10 bis 20 Jungtiere, 8 mm

Besonderheiten: Gelegentlich wird in der Literatur dieser Art Superfötation zugeschrieben. Dies hat sich bei mir nicht bestätigt.

Poeciliopsis prolifica MILLER, 1960
Sonnenkärpfling

Tribus: *Heterandriini* HUBBS, 1924
Gattung: *Poeciliopsis* REGAN, 1913

 Küstenregion Mexiko

 Männchen 2 cm, Weibchen 4 cm

 langgestreckt, kleiner spitzer Kopf, gelb-oliv, dunkler Mittelstreifen

Weibchen von *Poeciliopsis prolifica*

 ab 50 cm

 24 bis 28 °C

 sehr friedlich, Artbecken empfehlenswert

Männchen von *Poeciliopsis prolifica*

 6 bis 7 mm. Die nach Literaturangaben vorhandene Superfötation konnte ich in einem mehrwöchigen Versuch selbst bestätigen! Es kamen über drei Monate, in Abwesenheit von Männchen, bei dem separat gesetzten Weibchen, sehr unterschiedliche Anzahlen von Jungen zur Welt. Zwischen den Würfen lagen zwei Tage beziehungsweise sechs bis acht Tage. Nach drei Monaten kamen keine weiteren Jungen zur Welt.

Priapichthys puetzi MEYER & ETZEL, 1996

Tribus: *Heterandriini* HUBBS, 1924
Gattung: *Priapichthys* REGAN, 1913

 Chiriqui Grande in Panama

 Männchen 3 cm, Weibchen 5 cm

 Dorsale und Anale rot gesäumt, zylindrischer Körper, Schuppenränder dunkel (Netzmuster), langes Gonopodium

Männchen von *Priapichthys puetzi*

 ab 80 cm

 20 bis 25 °C

 Flossenbeißer, Raufbold, zänkisch

Weibchen von *Priapichthys puetzi*

 10 bis 20 Jungtiere, 9 bis 10 mm, schwer

Besonderheiten: *Priapichthys puetzi* sollte vorzugsweise im Artbecken gepflegt werden. Es sollte auf nicht zu warme Temperaturen geachtet werden.

Xenophallus umbratilis (Meek, 1912)
Schlangenkärpfling, Schattenkärpfling

Tribus: *Heterandriini* Hubbs, 1924
Gattung: *Xenophallus* Hubbs, 1924

Atlantikzuflüsse Costa Ricas

Männchen 4 cm,
Weibchen 6 cm

langgestreckt, spitzer Kopf, grau-gelb, weißer Bauch, schmale Querstreifen, Basis der Rückenflosse bei beiden Geschlechtern schwarz, gelber Fleck in der Dorsale der Männchen

Weibchen von *Xenophallus umbratilis*

ab 50 cm

20 bis 26 °C

sehr friedlich

Gonopodium von *Xenophallus umbratilis*

15 bis 20 Jungtiere,
7 bis 8 mm

Besonderheiten: in mancher Literatur wird die Art auch als *Neoheterandria umbratilis* geführt. Beim Transport und Umsetzen ist sie sehr empfindlich.

Limia melanogaster (Günther, 1866)
Jamaika-Kärpfling, Schwarzbauchkärpfling

Tribus: *Poeciliini* Bonaparte, 1831
Gattung: *Limia* Poey, 1854

 Jamaika

 Männchen 4 cm, Weibchen 6 cm

 schlank, Kopf klein, Grundfarbe metallisch-blau-glänzend, dunkle Querbänder, Schwanzwurzelfleck, Dorsale und Caudale beim Männchen gelblich

Pärchen von *Limia melanogaster*

 ab 80 cm

 24 bis 28 °C

 lebhaft aber sehr friedlich

Prächtig gefärbtes Männchen von *Limia melanogaster*

 20 bis 60 Jungtiere, 6 bis 7 mm

Besonderheiten: der Reifefleck beim Weibchen ist sehr groß. Die Tiere springen gern beim Paarungsschwimmen.

Limia nigrofasciata Regan, 1913
Schwarzbandkärpfling, Buckelkärpfling

Tribus: *Poeciliini* Bonaparte, 1831
Gattung: *Limia* Poey, 1854

 Haiti

 Männchen 6 cm, Weibchen 7 cm

 oliv-gelb, Bauch weiß, 8 bis 12 dunkle Querbänder, Flossen gelblich, Dorsale schwarz gefleckt, gedrungen, spitzer Kopf, Kielbildung im Analbereich der Männchen

Weibchen von *Limia nigrofasciata*

 ab 60 cm

 24 bis 29 °C

 sehr ruhige Art

Männchen von *Limia nigrofasciata*

 20 bis 40 Jungtiere, 8 bis 9 mm

Besonderheiten: die Männchen werden im Alter sehr hochrückig und bekommen einen Buckel.

Limia perugiae (Evermann & Clark, 1906)
Perugia-Kärpfling

Tribus: *Poeciliini* Bonaparte, 1831
Gattung: *Limia* Poey, 1854

 Dominikanische Republik

 Männchen 6 cm, Weibchen 8 cm

 Hoher Körperbau, großer spitzer Kopf, graubraun, Bauch weißlich, Dorsale mit dunklen Streifen, irisierende Schuppen, Caudale schwarz gesäumt

Männchen von *Limia perugiae*

 ab 80 cm

 25 bis 28 °C

 friedlich

Pärchen von *Limia perugiae*

 20 bis 50 Jungtiere, 7 mm

Besonderheiten: es gibt zwei Formen, bei einer werden die Männchen nur bis 2 cm groß, bei der anderen etwa bis 6 cm. Die Art benötigt viel Algennahrung, ein Salzzusatz ist empfehlenswert.

Limia tridens (Hilgendorf, 1889)
Tiburon-Limia

Tribus: *Poeciliini* Bonaparte, 1831
Gattung: *Limia* Poey, 1854

 Haiti

 Männchen 4 cm, Weibchen 5 cm

 schlank, spitzer Kopf, metallischer Glanz, Bauch gelblich, Dorsale in unterer Hälfte gelb-orange, dunkle Querbinden, Weibchen ähnlich wie Männchen gefärbt aber schlichter

Weibchen von *Limia tridens*

 ab 60 cm

 24 bis 29 °C

 sehr friedlich

Männchen von *Limia tridens*

 20 bis 40 Jungtiere, 8 mm

Besonderheiten: *Limia tridens* kann leicht mit *L. dominicensis* verwechselt werden.

Micropoecilia minima (Costa & Sarraf, 1997)
Minima-Kärpfling

Tribus: *Poeciliini* Bonaparte, 1831
Gattung: *Micropoecilia* Hubbs, 1926

 Rio Guamá, Bundesstaat Para in Brasilien

 Männchen 2 cm, Weibchen 3 cm

 sehr klein, langgestreckt, Rückenflosse ausgezogen, Schwanzwurzelfleck, Weibchen einfarbig grau mit schwarzen Flecken

 ab 50 cm

 24 bis 28 °C

 sehr friedlich

 10 bis 20 Jungtiere, 7 mm

Weibchen von *Micropoecilia minima*

Männchen von *Micropoecilia minima*

Besonderheiten: *Micropoecilia minima* ist sehr empfindlich in der Haltung.

Micropoecilia parae (Eigenmann, 1894)
Parakärpfling

Tribus: *Poeciliini* Bonaparte, 1831
Gattung: *Micropoecilia* Hubbs, 1926

 Guyana-Länder, Pará in Brasilien

 Männchen 3 cm, Weibchen 5 cm

 gestreckt, spitzer Kopf, ähnlich dem Guppy, farblich sehr variabel, Weibchen einfarbig grau.

 ab 60 cm

 24 bis 28 °C

 lebhaft, friedlich, oberflächenorientiert

 5 bis 20 Jungtiere, 6 mm, schwer

Weibchen von *Micropoecilia parae*

Männchen von *Micropoecilia parae*, Typ M. *melanozona* „rot"

Besonderheiten: der Nachwuchs wird von Generation zu Generation hinfälliger und farbloser. Weiches Wasser ist vorteilhaft. Verschiedene Farbformen: Typen *M. melanozona* „rot", „gelb" und „blau" sowie drei weitere Formen.

Micropoecilia picta (REGAN, 1913)
Pfauenaugenkärpfling, Schwarzbindenkärpfling

Tribus: *Poeciliini* BONAPARTE, 1831
Gattung: *Micropoecilia* HUBBS, 1926

 Guyana, Trinidad, Surinam, Nordbrasilien, Ost-Venezuela

 Männchen 3 cm, Weibchen 4 cm

 langgestreckt, spitzer Kopf, oliv-grau, rot-orange und schwarze Flecken, Rückenflosse schwarz gesäumt, Weibchen grau mit Flecken. Sehr ähnlich dem Guppy

Männchen von *Micropoecilia picta* "Schwarz"

 ab 50 cm

 25 bis 29 °C

Männchen von *Micropoecilia picta* "Rot"

 sehr friedlich

 15 bis 25 Jungtiere, 6 bis 7 mm, schwierig

Besonderheiten: sehr empfindliche Art. Weitere Farbformen sind: Roter Picta, Schwarzer Picta und Gelber Picta.

Phallichthys amates (Miller, 1907)
Guatemala-Kärpfling

Tribus: *Poeciliini* Bonaparte, 1831
Gattung: *Phallichthys* Hubbs, 1924

 Guatemala, Honduras

 Männchen 3 cm, Weibchen 6 cm

 hochrückig, relativ farblos, langes Gonopodium, metallisch glänzend, Rückenflosse schwarz gesäumt, schwarzer Strich senkrecht durch das Auge

Männchen von *Phallichthys amates*

 ab 60 cm

 23 bis 28 °C

 friedlich

Weibchen von *Phallichthys amates*

 20 bis 40 Jungtiere, 4 mm

Besonderheiten: der Netzkärpfling *P. pittieri* wird in älterer Literatur als Unterart zu *P. amates* geführt.

Phallichthys fairweatheri Rosen & Bailey, 1959
Fairweather-Kärpfling

Tribus: *Poeciliini* Bonaparte, 1831
Gattung: *Phallichthys* Hubbs, 1924

 Honduras, Guatemala und Mexiko

 Männchen 3,5 cm, Weibchen 5 cm

 gedrungen, hochrückig, spitzer Kopf, grau-gelb, türkisfarbene Flächen auf den Flanken, orangefarbene Punkte, Dorsale schwarz gesäumt, langes Gonopodium

Männchen von *Phallichthys fairweatheri* in Normalfärbung

 ab 60 cm

 22 bis 28 °C

 innerartlich leicht aggressiv, sonst friedlich, scheu

Weibchen von *Phallichthys fairweatheri*

 15 bis 25 Jungtiere, 5 bis 6 mm

Besonderheiten: besonders attraktiv sind die dominanten Männchen.

Phallichthys quadripunctatus Bussing, 1979
Vierpunktkärpfling

Tribus: *Poeciliini* Bonaparte, 1831
Gattung: *Phallichthys* Hubbs, 1924

 Rio Sixaola in Costa Rica

 Männchen 2 cm, Weibchen 3,5 cm

 sehr klein, hellgrau, heller Bauch, 4 bis 6 hellgraue bis schwarze Punkte auf den Flanken

Weibchen von *Phallichthys quadripunctatus*

 ab 50 cm

 20 bis 28 °C

 sehr friedlich, scheu

Männchen von *Phallichthys quadripunctatus*

 10 bis 20 Jungtiere, 3 bis 4 mm, sehr ungleichmäßiges Geschlechterverhältnis

Besonderheiten: *Phallichthys quadripunctatus* ist die kleinste Art der Gattung und sehr empfindlich in der Haltung.

Poecilia gillii (Kner, 1863)
Gilles Molly, Costa Rica Molly

Tribus: *Poeciliini* Bonaparte, 1831
Gattung: *Poecilia* Bloch & Schneider, 1801

 Atlantische und pazifische Abdachung von Guatemala bis Kolumbien

 Männchen 6 cm, Weibchen 9 cm

 polychromatisch, Grundfarbe silbrig grau, Caudale und Dorsale bei den Männchen gelborange bis rot, horizontale Reihen mit gelben Punkten

Männchen von *Poecilia gillii* der Population aus Norditalien

 ab 80 cm

 22 bis 28 °C

 friedlich, sehr schwimmfreudig

Weibchen von *Poecilia gillii*

 20 bis 40 Jungtiere, 8 bis 9 mm, leicht, starker Männchenüberhang

Besonderheiten: *Poecilia gillii* war lange ein Synonym von *P. sphenops*. In Norditalien ist ein Bestand bekannt, der durch Aussetzung entstanden ist.

Poecilia reticulata Peters, 1859
Guppy, Millionenfisch

Tribus: *Poeciliini* Bonaparte, 1831
Gattung: *Poecilia* Bloch & Schneider, 1801

 Venezuela, Trinidad, Britisch Guayana, Niederländische Antillen

 Männchen 3 cm, Weibchen 5 cm

 gestreckt, spitzer Kopf, sehr Polychromatisch, Punkt- und Streifen-muster aus Gelb, Rot, Blau, Grün und Schwarz, Weibchen schlicht Grau

 ab 60 cm

 18 bis 30 °C. Läßt sich auch in weichem, sauren Wasser gut pflegen.

 sehr friedlich

 20 bis 50 Jungtiere, 6 mm, einfach

Männchen und Weibchen einer Wildform von *Poecilia reticulata*

Männchen einer Wildform von *Poecilia reticulata*

Besonderheiten: Polychromatisch, als Zuchtform in vielen Farbformen zu finden. Weltweit zur Mückenbekämpfung ausgesetzt worden, einige Stämme sind auch in deutschen Kraftwerksgewässern zu finden. Die Art ist sehr anpassungsfähig.

Poecilia wingei POESER, KEMPKES & ISBRÜCKER, 2005
Endlers Guppy

Tribus: *Poeciliini* BONAPARTE, 1831
Gattung: *Poecilia* BLOCH & SCHNEIDER, 1801

 Campoma und Cumaná, Nördliches Venezuela

 Männchen 2,5 cm, Weibchen 4 cm

 langgestreckt, spitzer Kopf, dunkles Band in Körpermitte, metallischer Glanz, farblich sehr variabel.

Männchen des Endlers Guppy *Poecilia wingei*

 ab 50 cm

 23 bis 27 °C

 sehr friedlich

Weibchen des Endlers Guppy

 20 bis 30 Jungtiere, 5 bis 6 mm, einfach

Besonderheiten: die Tiere fressen ihren Nachwuchs nicht. Eine selektierte Form ist seit vielen Jahren vorhanden, inzwischen gibt es auch viele sehr attraktive Farbformen.

Poecilia sphenops VALENCIENNES, 1846
Spitzmaulkärpfling, Mexikanischer Zahnkärpfling

Tribus: *Poeciliini* BONAPARTE, 1831
Gattung: *Poecilia* BLOCH & SCHNEIDER, 1801

 von Texas über die gesamte mittelamerikanische Landbrücke bis Kolumbien

 Männchen 7 cm, Weibchen 10 cm

 gestreckt, spitzer Kopf, ähnlich *P. mexicana*, viele Farbspielarten von schwarz gescheckt bis zum völligen Schwarz, mit Punkten, einfarbig Grau, Beflossung auch in allen Farbvarianten

Männchen von *Poecilia sphenops*

 ab 80 cm

 25 bis 28 °C

Weibchen von *Poecilia sphenops*

 sehr lebhaft, friedlich

 20 bis 80 Jungtiere, 7 bis 8 mm

Besonderheiten: es gibt von dieser Art viele Lokalformen, sehr beliebt sind auch die Zuchtformen Black Molly und Gold-Molly. Alle sind gute Algenfresser.

Poecilia velifera (Regan, 1914)
Segelkärpfling, Fahnenkärpfling

Tribus: *Poeciliini* Bonaparte, 1831
Gattung: *Poecilia* Bloch & Schneider, 1801

 Halbinsel Yucatan, Mexiko

 Männchen 15 cm, Weibchen 18 cm

 Olivgrau, blaugrüne Punkte. Männchen mit kupferfarben horizontalen Tupfen. Dorsale und Caudale mit blauen Punkten. Alphamännchen an Kopf und Brust gelborange.

 ab 100 cm

 25 bis 28 °C

 friedlich

 30 bis 80 Jungtiere, 10 mm

Prachtvolles Männchen von *Poecilia velifera*

Weibchen von *Poecilia velifera*

Besonderheiten: die Art hat einen hohen Körperbau mit spitzem Kopf. Ein Salzzusatz fördert das Wohlbefinden von *Poecilia velifera*.

Xiphophorus cortezi Rosen, 1960
Cortez-Schwertträger

Tribus: *Poeciliini* Bonaparte, 1831
Gattung: *Xiphophorus* Heckel, 1848

 südliches Einzugsgebiet des Rio Panuco, Mexiko

 Männchen 4,5 cm, Weibchen 5 cm

 gedrungen, seitlich abgeflacht, graubraun, heller Bauch, dunkler Zickzack-Längsstreifen, kurzes Schwert (1,5 bis 2 cm)

Weibchen von *Xiphophorus cortezi*

 ab 80 cm

 22 bis 26 °C

 lebhaft

Männchen von *Xiphophorus cortezi*

20 bis 40 Jungtiere, 8 mm

Besonderheiten: die Art sollte unbedingt etwas kühler gehalten werden. Lange wurde sie als Unterart von *X. montezumae* geführt.

Xiphophorus hellerii Heckel, 1848
Helleri-Schwertträger

Tribus: *Poeciliini* Bonaparte, 1831
Gattung: *Xiphophorus* Heckel, 1848

 Mexiko, Guatemala, Honduras

 Männchen bis 12 cm ohne Schwert, Weibchen bis 15 cm

 langgestreckt, spitzer Kopf, Schwert 4 bis 6 cm, viele Farbmorphen durch großes Verbreitungsgebiet

Weibchen von *X. hellerii* „Jalapa"

 ab 80 cm

 20 bis 28 °C

 friedlich, lebhaft

Prachtvoll gefärbtes Männchen von *X. hellerii* „Jalapa"

 20 bis 100 Jungtiere, 6 bis 9 mm

Besonderheiten: von *Xiphophorus hellerii* gibt es sehr viele Standortvarianten wie zum Beispiel „Veracruz" und „Jalapa".

Xiphophorus kallmani MEYER & SCHARTL, 2003
Messing Schwertträger, Catemaco-Schwertträger

Tribus: *Poeciliini* BONAPARTE, 1831
Gattung: *Xiphophorus* HECKEL, 1848

 Catemacosee, Veracruz, Mexiko

 Männchen 10 cm, Weibchen 12 cm

 sehr schlank, Grundfarbe Messinggelb, Schwert 5 bis 6 cm lang

Männchen von *Xiphophorus kallmani*

 ab 80 cm

 24 bis 28 °C

 Männchen untereinander sehr unverträglich

Männchen von *Xiphophorus kallmanni*   Foto: H. Hieronimus

 20 bis 60 Jungtiere, 7 bis 8 mm

Besonderheiten: die Art hieß früher *X. hellerii* „Catemaco".

Xiphophorus maculatus (Günther, 1866)
Spiegelkärpfling, Platy

Tribus: *Poeciliini* Bonaparte, 1831
Gattung: *Xiphophorus* Heckel, 1848

 Süd-Mexiko bis Guatemala

 Männchen 3 cm, Weibchen 5 cm

 gedrungen, hochrückig, farblich sehr variabel, Vielfalt an Zeichnungsmustern auf Körper und Flossen, diverse Flossenformen

Männchen von *X. maculatus* „Juan Rodriguez Clara"

 ab 60 cm

 20 bis 28 °C

 sehr friedlich

Weibchen einer Zuchform von *X. maculatus* Foto: H. J. Mayland

 20 bis 60 Jungtiere, 5 bis 6 mm

Besonderheiten: von *X. maculatus* gibt es sehr viele Standortvarianten und unzählige Zuchtformen wie Korallenplaty, Marygold-Platy, Tuxedo-Platy, Wagtail-Platy. Siehe auch Kapitel Zuchtformen.

Xiphophorus montezumae Jordan & Snyder, 1900
Montezuma-Schwertträger

Tribus: *Poeciliini* Bonaparte, 1831
Gattung: *Xiphophorus* Heckel, 1848

 Rio-Gallinas-System, Rio-Panuco-Becken, Mexiko

 Männchen 5 cm, Weibchen 7 cm

 langgestreckt, silbergrau, Schwert beim Männchen 5 bis 7 cm lang und gelb sowie schwarz umrandet, einige Lokalformen haben dunkle Flecken (Makromelanophoren)

 ab 80 cm

 23 bis 26 °C

 Männchen untereinander aggressiv

 25 bis 40 Jungtiere, 9 bis 10 mm

Weibchen von *Xiphophorus montezumae*

Männchen von *Xiphophorus montezumae*

Besonderheiten: Schwertindex >1, Es gibt einige Standortvarianten

Xiphophorus nezahualcoyotl RAUCHENBERGER, KALLMANN & MORIZOT, 1990
Nördlicher Berg-Schwertträger, Neza-Schwertträger

Tribus: *Poeciliini* BONAPARTE, 1831
Gattung: *Xiphophorus* HECKEL, 1848

 Rio-Panuco-Becken, Rio-Tamesi-System, Mexiko

 Männchen 5 cm, Weibchen 6 cm

 gedrungen, dunkle zickzackförmige Horizontalstreifen, Dorsale bei Männchen hellgelb und dunkel gefleckt, Schwert 2,5 bis 3 cm lang sowie gelb gefärbt und schwarz umrandet

Männchen von *Xiphophorus nezahualcoyotl* mit Makromelanophoren

 ab 80 cm

 21 bis 26 °C

 friedlich

Weibchen von *Xiphophorus nezahualcoyotl*

 20 bis 40 Jungtiere, 7 bis 8 mm

Besonderheiten: die Art kommt in Höhen bis zu 1200 Metern vor. Es gibt darunter Männchen mit und ohne Makromelanophoren-Muster.

Xiphophorus pygmaeus Hubbs & Gordon, 1943
Zwergschwertträger

Tribus: *Poeciliini* Bonaparte, 1831
Gattung: *Xiphophorus* Heckel, 1848

 Rio-Panuco-Becken in Mexiko

 Männchen 3 cm, Weibchen 4 cm

 langgestreckt, spitzer Kopf, graubraun, Bauch weiß, Zickzacklinien, Schwert sehr kurz, intensive Gelbfärbung bei einigen Männchen

Gelb gefärbtes Männchen von *Xiphophorus pygmaeus*

 ab 60 cm

 18 bis 24 °C

 friedlich

Normal gefärbtes Männchen von *Xiphophorus pygmaeus*

 5 bis 12 Jungtiere, 6 mm, schwierig

Besonderheiten: in einigen Stämmen sind die Männchen immer gelb, oftmals sind aber nur die dominanten Männchen gelb. Die Art sollte kühl gepflegt werden.

Xiphophorus variatus (MEEK, 1904)
Papageienplaty, Bunter Spiegelkärpfling

Tribus: *Poeciliini* BONAPARTE, 1831
Gattung: *Xiphophorus* HECKEL, 1848

 Rio Panuco bis Rio Nautla, Veracruz, Mexiko

 Männchen 6 cm, Weibchen 8 cm

 seitlich leicht abgeflacht, sehr variabel in der Körperfärbung

Weibchen von *Xiphophorus variatus* „La Laguna"

 ab 80 cm

 18 bis 28 °C

 friedlich, lebhaft

Männchen von *Xiphophorus variatus* „La Laguna"

 20 bis 80 Jungtiere, 5 bis 8 mm

Besonderheiten: von *X. variatus* gibt es sehr viele Standortvarianten und unzählige Zuchtformen. Im Sommer kann die Art im Gartenteich gepflegt werden.

Xiphophorus xiphidium (Gordon, 1932)
Schwertplaty, Schwertschwanzplaty

Tribus: *Poeciliini* Bonaparte, 1831
Gattung: *Xiphophorus* Heckel, 1848

 Rio-Soto-la-Marina-System in Mexiko

 Männchen 4 cm, Weibchen 5 cm

 Olivbraun, weißer Bauch. Alphamännchen haben eine blaue oder schwarze Zeichnung auf den Seiten, verschiedene Schwanzwurzelmuster: Einzel-, Doppelfleck oder Halbmond.

 ab 50 cm

 20 bis 26 °C

 sehr friedlich

 20 bis 40 Jungtiere, 6 mm, kleine Frühmännchen bei zu warmer Pflege

Weibchen von *Xiphophorus xiphidium*

Prachtvoll gefärbtes Männchen von *Xiphophorus xiphidium*

Besonderheiten: Die Art hat einen gedrungenen, hochrückigen Körperbau und einen kleinen Kopf. Alle Männchen haben ein sehr kurzes Schwert von 2 bis 3 mm. Es gibt Naturhybriden von *X. variatus* und *X. xiphidium*.

Priapella compressa ALVAREZ, 1948
Gedrungener BlauaugenKärpfling, Grauer Blauaugenkärpfling

Tribus: *Priapellini* Ghedotti, 2000
Gattung: *Priapella* REGAN, 1913

 Rio-Grijalva-System, Chiapas, Mexiko

 Männchen 4,5 cm, Weibchen 6 cm

 gedrungen, graugelb, hochrückig, starke Brustwölbung, spitzer Kopf, blaue Iris

Männchen von *Priapella compressa*

 ab 80 cm

 24 bis 28 °C

 friedlich, scheu, schwimmfreudig

Weibchen von *Priapella compressa*

 10 bis 25 Jungtiere, 8 bis 9 mm

Besonderheiten: *Priapella compressa* ist strömungsliebend und springfreudig.

Priapella intermedia ALVAREZ, 1952
Blauaugenkärpfling, Leuchtaugenkärpfling

Tribus: *Priapellini* Ghedotti, 2000
Gattung: *Priapella* REGAN, 1913

Rio-Coatzacoalcos-System, Oaxaca, Mittelmexiko

Männchen 5 cm,
Weibchen 6 bis 7 cm

gestreckter als *P. compressa*, seitlich abgeflacht, olivgelb, heller Bauch, blaue Iris, Längsstreifen, Flossenränder bläulich

Männchen von *Priapella intermedia*

ab 80 cm

24 bis 28 °C

friedlich, schwimmfreudig

Weibchen von *Priapella intermedia*

10 bis 20 Jungtiere,
8 bis 9 mm

Besonderheiten: Auch *Priapella intermedia* ist strömungsliebend und springfreudig. Trächtige Weibchen sollten nach Möglichkeit nicht umgesetzt werden.

Scolichthys iota ROSEN, 1967
Iota-Kärpfling

Tribus: *Scolichthyini* ROSEN, 1967
Gattung: *Scolichthys* ROSEN, 1967

 Oberlauf des Rio Chajmayic, Alta Verapaz, Guatemala

 Männchen 2,5 cm, Weibchen 4 cm

 langgestreckt, kleiner Kopf, Körpergrundfarbe Grau, Längsband aus kurzen Querstreifen, Flossenränder von Rücken- und Afterflosse hellbläulich

Weibchen von *Scolichthys iota*

 ab 60 cm

 22 bis 25 °C

 friedlich

Männchen von *Scolichthys iota*

 10 bis 20 Jungtiere, 9 mm

Besonderheiten: *Scolichthys iota* sollte nicht zu warm gepflegt werden.

Zuchtformen

Schon wenige Jahre nach der ersten Einfuhr von Lebendgebärenden Zahnkarpfen, zu Anfang des 20. Jahrhunderts, stellten Aquarianer fest, dass bei der Nachzucht einiger Arten verschiedenfarbige Jungtiere geboren wurden. Dies führte schnell zu intensiven Bemühungen der Züchter, immer neue und farbenprächtigere Tiere zu erzielen. Die Verhältnisse im Aquarium (kein Feinddruck, immer genug Futter) ließen neue Formen schneller entstehen. Das gelegentliche Auftreten von Mutationen tat sein Übriges dazu, dass unzählige Zuchtformen entstanden.

Die Farbenvielfalt stieg kontinuierlich an. Auch bei der Körperform erzielte man, insbesondere bei der Form der Flossen, zu der Wildform abweichende Ausprägungen. Bei der Zuchtform des Guppy gibt es zur Zeit zwölf anerkannte Schwanzflossenformen. Sehr beliebt bei der Kreation immer neuer Farbformen ist der Platy *Xiphophorus maculatus*.

Als man in den 1920er bis 1930er Jahren feststellte, dass sich Platys und Schwertträger kreuzen lassen, entstanden viele neue Farbformen. Anfang des 21. Jahrhunderts lösten die nach den bunten Zierkarpfen benannten Koi-Schwertträger erneut einen Boom in der aquaristischen Szene aus. Kurz danach tauchten durch Selektion und Kreuzung aus der Wildform von *Poecilia wingei* entstandene prächtige Farbformen des Endlers Guppy auf. Im Folgenden werden die wichtigsten Zuchtformen vorgestellt.

Guppy Triangel blond rot

Xipho-Basisarten

Schwertträger

Zuchtform von *Xiphophorus hellerii*

Männchen 10 cm ohne Schwert, Weibchen 12 cm

sehr viele Farbformen, Männchen mit Schwertfortsatz in der Schwanzflosse, Körper drei Mal so lang wie hoch

Wiesbadener Schwertträger

ab 80 cm

22 bis 28 °C

Berliner Schwertträger

Männchen untereinander aggressiv, lebhaft

30 bis 60 Jungtiere, 8 bis 10 mm

Besonderheiten: keine

Papageienkärpfling

Zuchtform von *Xiphophorus variatus*

 Männchen 5 cm, Weibchen 6 cm

 seitlich leicht abgeflacht, viele Farbformen, Körper drei Mal so lang wie hoch

 ab 80 cm

 20 bis 28 °C

 sehr friedlich

 30 bis 80 Jungtiere, 6 bis 8 mm

Delta-flossiger Papageienplaty

Hawaii-Platy

Besonderheiten: die Tiere färben erst spät aus. In den wärmeren Monaten sind sie gut zur Haltung im Gartenteich geeignet.

Platy

Zuchtform von *Xiphophorus maculatus*

 Männchen 3,5 cm, Weibchen 4,5 cm

 gedrungener Körperbau, sehr viele Farbformen, Verhältnis Körperlänge zu Höhe 1,75 zu 1

 ab 60 cm

 20 bis 28 °C

Platy Tuxedo orange

Platy Batman Rotrücken

 sehr friedlich

 50 bis 80 Jungtiere, 6 mm   Besonderheiten: keine

Blutendes Herz Platy

Zuchtform von *Xiphophorus maculatus*

 Männchen 4,5 cm, Weibchen 4,5 cm

 gedrungener Körperbau, blutrote Zeichnung, Grundfarbe Weiß, paarige und unpaarige Flossen transparent

 ab 60 cm

 20 bis 28 °C

 sehr friedlich

 50 bis 80 Jungtiere, 6 mm

Stark durchgefärbtes Männchen des Blutenden Herz Platys.

Männchen mit Kometzeichnung

Besonderheiten: bei der Nachzucht gibt es Probleme mit Bauchrutschern. Frühmännchen sind farbintensiver aber nur 3 bis 3,5 cm lang.

Koi-Schwertträger

Zuchtform von *Xiphophorus hellerii*

 Männchen 10 cm ohne Schwert, Weibchen 12 cm

 diverse Farbformen, Männchen mit Schwertfortsatz in der Schwanzflosse

 ab 80 cm

 22 bis 28 °C

Koi-Schwertträger „Kohaku" mit roten Augen

Koi-Schwertträger „Sanke"

 Männchen untereinander aggressiv sonst lebhaft und friedlich

 30 bis 60 Jungtiere, 8 bis 10 mm

Besonderheiten: beim Nachwuchs des Koi-Schwertträgers „Kohaku" mit roten Augen gibt es einen extremen Männchenüberhang.

▲ Roter Schwertträger
▼ Platy Weiß-Rotschwarz-Wagtail

Molly Basisarten

Spitzmaulkärpfling

Zuchtform von *Poecilia sphenops*

 Männchen 7 cm, Weibchen 8 cm

 langgestreckter Körperbau, spitzer Kopf, nur wenige Farbformen, Rückenflosse klein mit 9 bis 10 Flossenstrahlen

 ab 80 cm

 25 bis 28 °C

 sehr friedlich

 30 bis 100 Jungtiere, 8 bis 10 mm

Der Blackmolly ist einschließlich aller Flossen komplett schwarz gefärbt.

Männchen des Goldmolly. Beide Geschlechter sind komplett gelb-orange gefärbt.

Besonderheiten: bei den Nachwuchstieren des Blackmolly treten häufig gescheckte Tiere auf.

Segelkärpfling

Zuchtform von *Poecilia velifera*

 Männchen 15 cm, Weibchen 18 cm

 hoher Körperbau, spitzer Kopf, segelartige Rückenflosse, mehrere Farbformen, 18 bis 19 Flossenstrahlen in der Dorsale

 ab 100 cm

 25 bis 28 °C

 friedlich

 30 bis 80 Jungtiere, 10 mm

Segelkärpfling „Albino"

Oranger Segelkärpfling

Besonderheiten: Alpha-Männchen bekommen die markante Rückenflosse. Frühmännchen bleiben unscheinbar.

Breitflossenkärpfling

Zuchtform von *Poecilia latipinna*

 Männchen 7 bis 9 cm, Weibchen 8 bis 10 cm

 gestreckt, spitzer Kopf, segelartige Rückenflosse mit 14 bis 16 Flossenstrahlen, diverse Farbformen

Mamormolly oder auch Dalmatiner-Molly

 ab 100 cm

 20 bis 26 °C

Lyratail-Molly schwarz

 friedlich

 50 bis 100 Jungtiere, 10 mm

Besonderheiten: Reine *P. latipinna* sind nur noch selten zu finden.

Schwanzflossenformen bei Guppymännchen

Fächerschwanz

Doppelschwert

Spatenschwanz

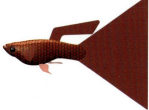
Triangelschwanz

Obenschwert

Speerschwanz

Schleierschwanz

Untenschwert

Rundschwanz

Fahnenschwanz

Leierschwanz

Nabelschwanz

Guppys

Guppy

Zuchtform von *Poecilia reticulata*

 Männchen 4 cm, Weibchen 7 cm

 große Anzahl von Farbformen. Zwölf Schwanzflossenformen (siehe Seite 125) sind anerkannt. Im Handel sind hauptsächlich Triangel

Guppy Triangel blond rot

 ab 60 cm

 20 bis 28 °C

Guppy Triangel halbschwarz blau

 sehr friedlich

 30 bis 50 Jungtiere, 6 mm

Besonderheiten: mehrere Vereine beschäftigen sich ausschließlich mit Guppys.

Endlers Guppy

Zuchtform von *Poecilia wingei*

 Männchen 2,5 cm, Weibchen 4 cm

 langgestreckt, spitzer Kopf, mehrere Farbformen, fast immer mit Keilfleck

 ab 50 cm

 23 bis 27 °C

 sehr friedlich

 20 bis 40 Jungtiere, 5 bis 6 mm

Endler-Guppy „Red Scarlet"

Endler-Guppy „Blue Scarlet"

Besonderheiten: von den meisten Farbformen des Endlers Guppy gibt es noch keinen reinerbigen Stamm.

Register

A
Ablaichkasten 42, 43
Alfaro cultratus 71
Allele 53
Anatomie... 6, 12
Anflugnahrung 12, 29
Ansaughilfen.. 26, 27
Aquarienpflanzen................... 9, 25, 50, 130
Aquarium 6, 11, 14, 15, 16, 17, 21, 23,
24, 25, 27, 28, 29, 34, 36, 43, 46, 48, 49,
50, 51, 59, 63, 64, 66, 115, 130, 131
Artemia salina.....................................30, 46
Artemia-Sieb 47
Arthybriden 60
Aufstellort 14
Auftauwasser... 32
Aufzucht..............7, 14, 22, 25, 39, 46, 48

B
Balz 40, 131
Basisarten 116, 122
Befruchtung.....................................39, 40
Begattungsorgan 12, 39
Beleuchtung..........................6, 14, 21, 22, 79
Belonesox belizanus 29, 30, 69, 74, 130
Besatz... 7, 26, 34, 50
Blackmolly... 62, 122
Blutendes Herz Platy............................. 119
Bodengrund........................ 14, 23, 25, 46
Brachyrhaphis hessfeldi 75
Brachyrhaphis roseni 76
Breitflossenkärpfling............................. 124
Bruttrichter 47

C
Carlhubbsia stuarti................................78
Cnesterodon decemmaculatus 8, 72
Columnaris-Krankheit 7, 65

D
Das geteilte Becken 44
Dekoration........................ 6, 14, 23, 52, 66
Dominant 53, 55

E
Einlaufphase 6, 28
Eireifung 41
Endlers Guppy... 9, 10, 58, 100, 115, 127, 131

F
Filter 16, 27, 32, 36, 44
Filtermaterial 29
Fischtuberkulose 26, 63
Fortpflanzung 7, 13, 39, 40, 61
Frostfutter.................... 29, 31, 32, 33, 50
Frühmännchen..................17, 111, 119, 123
Futter.........6, 9, 29, 30, 31, 32, 66, 81, 115
Futterring...30

G
Gambusia holbrooki...............................77
Gartenteich 35, 110, 117
Genotyp 54
Girardinus falcatus 79
Girardinus metallicus.......... 13, 80, 130, 131
Goldmolly 122, 133
Gonodukt 40
Gonopodium 12, 13, 39, 40, 41, 42,
69, 78, 79, 80, 83, 86, 87, 95, 96

H
Hamburger Mattenfilter 16
Heizung 6, 17, 27, 36
Heterandria bimaculata 81
Heterandria formosa 40, 82
Heterozygot...53
Homozygot..53
HQI 21
HQL 21
Hydra 49

I
Infusorien 27, 48
Innenfilter 16, 44, 46
Inzucht 58, 59

K
Kohle-Blockfilter 27
Koi-Schwertträger 120, 131
Kompressor... 16
Kopulation 13, 40, 69
Krankheiten 7, 63, 64, 66, 131

L
Limia melanogaster...............................88
Limia nigrofasciata 89
Limia perugiae 90
Limia tridens 91
Linienzucht 58, 59
Luftbetriebener Patronenfilter 44

M
Mehrröhrenfilter 17
Mendel 7, 52, 54, 58
Micropoecilia minima 92
Micropoecilia parae 93
Micropoecilia picta 63, 94
Mischerbig 53
Mooreiche 23
Moorkienholz 23
Mückenlarven 29, 31, 32, 33, 69

N
Natürlicher Lebensraum 11
Neoheterandria elegans 83
Netzsenke 43
Nitrat NO_3 28
Nitratgehalt 27
Nitrit 28

O
Oberständiges Maul 12
Ovar 39, 40
Ovidukt 39

P
Patronenfilter 16, 17, 44, 46
Phallichthys amates 95
Phallichthys fairweatheri 9, 47, 96
Phallichthys quadripunctatus 97
Phalloceros caudimaculatus 8, 73
Phänotyp 53, 55, 58
Plagegeister 48
Planarien....................................... 48, 49, 50
Platy 8, 18, 19, 38, 106, 115, 117,
                              118, 119, 121, 130, 131
Platymat 45
Poecilia gillii 60, 98
Poecilia latipinna 124
Poecilia reticulata 99, 126, 130, 131
Poecilia sphenops 29, 60, 101, 122
Poecilia velifera 13, 102, 123
Poecilia wingei 100, 115, 127
Poeciliopsis lutzi 84, 131
Poeciliopsis prolifica 40, 85
Priapella compressa 112
Priapella intermedia 113
Priapichthys puetzi 65, 86

Q
Qualzuchten 60, 61

R
Regelheizer 17, 20
Reifefleck 12, 13, 42, 88
Reinerbig 53
Rezessiv 53, 54, 55, 56
Rückkreuzung 56, 59
Rückwand 6, 24

S
Scheibenwürmer 49, 50

Schnecken 46, 48, 49, 50, 51, 52
Schwanzflossenformen 115, 125, 126
Schwarmzucht 59
Schwertfortsatz 69, 116, 120
Scolichthys iota 114
Seemandelbaumblätter 66
Segelkärpfling 67, 102, 123, 130
Spaltungsregel 55
Superfötation 40, 69, 82, 83, 84, 85

T
Thermometer 20
Topffilter 16
Trächtigkeitsfleck 13, 42
Trockenfutter 29, 30, 32

U
Überfallbalz 41, 80
Unabhängigkeitsregel 56
Uniformitätsregel 54
UV-Lampe 48

V
Vererbungslehre 52, 131
Vergesellschaftung 7, 34, 63
Verpilzungen 7, 65
Vivipar 40
Vollglasaquarium 14, 44
Vorratsbesamung 39

W
Wasser 6, 11, 12, 14, 15, 16, 23, 24, 25,
                26, 27, 28, 31, 32, 36, 44, 45,
                47, 48, 63, 65, 66, 69, 93, 99
Wasserwechsel 6, 26, 27, 36, 50, 63
Wasserwerte 14, 26, 50, 63
Weißpünktchenkrankheit 7, 64
Wurfeinsatz 43

X
Xenophallus umbratilis 87
Xiphophorus cortezi 103
Xiphophorus hellerii 2, 12, 104, 116, 120
Xiphophorus kallmani 105
Xiphophorus maculatus ... 106, 115, 118, 119
Xiphophorus montezumae 10, 107, 131
Xiphophorus nezahualcoyotl 108
Xiphophorus pygmaeus 109
Xiphophorus variatus 110, 117
Xiphophorus xiphidium 111

Z
Zeitschaltuhr 21
Zucht 3, 7, 9, 20, 25, 30, 32, 39, 48,
                58, 59, 65, 66, 69, 70, 72, 130
Zuchtansätze 29
Zuchtkarte 58
Zuchtmethoden 7, 42, 46, 131

Literaturhinweise:

Bassleer, G., Bildatlas der Fischkrankheiten. Augsburg 1990.
Böhm, O., Lebendgebärende aus der Gattung Phallichthys. DATZ, 6/1984.
Brembach, M., Lebendgebärende Fische im Aquarium – Ihre Pflege und Zucht. Stuttgart 1979.
Bremer, H., Aquarienfische gesund ernähren. Stuttgart 1997.
Dost, U., Der Segelkärpfling und sein natürliches Vorkommen. Aquaristik aktuell, 11-12/1998.
Gärtner, G., Zahnkarpfen – Die Lebendgebärenden im Aquarium. Stuttgart 1981.
Götting, F., Betrachtungen zum Metallkärpfling. DATZ, 12/ 004.
Greven, H., Anmerkungen zur sexuellen Selektion bei Lebendgebärenden.
In: Riehl, R., Greven, H., Fortpflanzungsbiologie der Aquarienfische (2). Bornheim 1999.
Greven, H., Viviparie bei Aquarienfischen (Poeciliidae, Goodeidae, Anablepidae, Hemiramphidae).
In: Greven, H., Riehl, R., Fortpflanzungsbiologie der Aquarienfische. Bornheim 1995.
Herzel, M., Beobachtungen zum Schwarmverhalten junger Guppys.
In: Greven, H., Riehl, R., Verhalten der Aquarienfische. Bornheim 1998.
Hieronimus, H., Das Fortpflanzungsverhalten des Schwarzbäuchigen Metallkärpflings (*Girardinus metallicus* Poey, 1854). In: Greven, H., Riehl, R., Verhalten der Aquarienfische. Bornheim 1998.
Hieronimus, H., Der natürliche Fortpflanzungszyklus der Lebendgebärenden.
In: Greven, H., Riehl, R., Fortpflanzungsbiologie der Aquarienfische. Bornheim 1995.
Hieronimus, H., Die kleinen Schwertträger. DATZ, 8/1991.
Hieronimus, H., Guppy, Platy, Molly und andere Lebendgebärende. München 1992.
Horst, K., Pflanzen im Aquarium. Stuttgart 1992.
Jacobs, K., Vom Guppy dem Millionenfisch. Hannover 1977.
Johnen, P., Brenner, M. & Greven, H., Bezahnung und Beutefang des Hechtkärpflings *Belonesox belizanus* (Poeciliidae).
In: Greven, H., Riehl, R., Biologie der Aquarienfische. Berlin-Velten 2006.
Kasselmann, C., Aquarienpflanzen. Stuttgart 2010.
Kempkes, M., Ab wann und wie lange speichern Guppy-Weibchen (*Poecilia reticulata* PETERS, 1859)
Spermien? In: Greven, H., Riehl, R., Biologie der Aquarienfische. Berlin-Velten 2006.
Kempkes, M., Beobachtungen zum agonistischen Verhalten weiblicher Guppys, *Poecilia reticulata* Peters, 1859.
In: Riehl, R., Greven, H. , Verhalten der Aquarienfische (2). Bornheim 2002.
Kempkes, M., Der Guppy – Pflege und Hochzucht. Stuttgart 1996.
Kempkes, M., Lebendgebärende Zahnkarpfen. Stuttgart 1999.
Knop, D., Aquarienbeleuchtung – Süßwasser- und Meerwasserbiotope im richtigen Licht. Ettlingen 1999.

Kochsiek, W., Der Rotstreifen-Schwertträger – *Xiphophorus helleri* „Jalapa". Amazonas, 9-10/2006.
Kochsiek, W., Die Gattung *Limia*. Aquaristik aktuell, 6/2002.
Kochsiek, W., Koi-Schwertträger – japanische Farbkarpfen stehen Pate. DATZ, 7/ 2010.
Kochsiek, W., Ein Betätigungsfeld für kreative Züchter – Endlers Guppy. Amazonas, 7-8/2010.
Kochsiek, W., Guppy, Platy, Molly – Verschiedene Zuchtmethoden. Aquaristik aktuell, 5-6/1999.
Kochsiek, W., *Poeciliopsis lutzi* – Lutz´ Kärpfling hätte etwas mehr Aufmerksamkeit verdient. DATZ, 1/2009.
Kochsiek, W., Selten gepflegt: Der Nördliche Berg-Schwertträger. DATZ, 3/2004.
Kochsiek, W., Wilde Segelkärpflinge. DATZ, 1/2007.
Kochsiek, W., *Xiphophorus montezumae* „Tamasopo". Das Aquarium, 9/2003.
Krause, H.-J., Handbuch Aquarientechnik. Ruhmannsfelden 2004.
Krause, H.-J., Handbuch Aquarienwasser. Ruhmannsfelden 2007.
Leo, P., Greven, H., Beobachtungen zum Balz- und Paarungsverhalten männlicher Guppys (*Poecilia reticulata*) gegenüber rezeptiven und nichtrezeptiven Weibchen. In: Riehl, R., Greven, H., Fortpflanzungsbiologie der Aquarienfische (2). Bornheim 1999.
Lorenzen, E., Polymorphismus männlicher *Girardinus metallicus* POEY, 1854. In: Greven, H., Riehl, R., Verhalten der Aquarienfische. Bornheim 1998.
Meyer, M.-K., Wischnath, L., Foerster, W., Lebendgebärende Zierfische – Arten der Welt. Melle 1985.
Osche, C., Lebendgebärende. Stuttgart 2001.
Petzold, H.-G., Der Guppy. Wittenberg 1990.
Plöger-Brembach, K., Lebendgebärende. Stuttgart 1982.
Rauchenberger, Kallman & Morizot, Monophyly and Geography of the Rio Pánuco Basin Swordtails
(Genus Xiphophorus) with descriptions of four new species. Amer. Mus. Novitates 2975: 1-41/1990.
Sabisch, J., *Girardinus metallicus* „Gelbbauch" – eine neue auffällige Form des Metallkärpflings.
Aquaristik aktuell, 6/2004.
Sander, M., Aquarientechnik im Süß- und Seewasser. Stuttgart 1998.
Schröder, J.H., Vererbungslehre für Aquarianer. Stuttgart 1978.
Stallknecht, H., Der andere Guatemala-Kärpfling. TI Nr. 135/1997.
Stallknecht, H., Lebendgebärende Zahnkarpfen. Bissendorf-Wulften 2000.
Teichfischer, B., Guppy, Platy, Schwertträger und Molly – Zuchtformen der Lebendgebärenden. Ettlingen 2004.
Untergasser, D., Krankheiten der Aquarienfische. Stuttgart 2006.

Nützliche Internetseiten

www.ak-wasserpflanzen.de
www.aquanet.de
www.biotopaquarium.de
www.deters-ing.de
www.dgf-guppy.de
www.dglz.de
www.faszination-lebendgebaerende.de
www.fishbase.org
www.flowgrow.de
www.guppy-aktuell.com
www.guppy-molly-xipho.de
www.lebendgebaerende-aquarienfische.de
www.lebendgebaerende-forum.de
www.swampriveraquatics.com
www.vda-aktuell.de
www.wokoaqua.de
www.xiphophorus.org

▲ Männchen des Goldmolly
▼ Mamor-Goldmolly

Bücher für erfolgreic

Ad Konings
Back to Nature Handbuch für Tanganjika Buntbarsche

2. Auflage, 190 Seiten
600 Farbfotos, geb.
ISBN 978-3-935175-32-6

Der bewärte Ratgeber mit anschaulicher Artenübersicht und vielen praktischen Informationen über die Haltung und Zucht dieser außergewöhnlich interessanten Aquarienfische in einer erweiterten und reich bebilderten Auflage.

Ad Konings
Back to Nature Handbuch für Malawi Buntbarsche

3. Auflage, 210 Seiten
600 Farbfotos, geb.
ISBN 978-3-935175-18-0

Das Handbuch für die artgerechte Pflege in der überarbeiteten Neuauflage mit zusätzlichen Fotos. Anleitungen zu Auswahl und Gestaltung des Beckens, zu artgerechter Pflege, richtigen Wasserbedingungen und zur Ernährung der Fische.

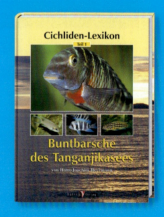

Siegfried Loose
Fadenmaulbrüter im Tanganjikasee
Arten, Pflege, Lebensräume

136 Seiten, 330 Farbfotos, geb.
inkl. 45 Min. Unterwasser-DVD
ISBN 978-3-935175-37-1

Variantenreich und farbenprächtig – so begeistern die Fadenmaulbrüter aus dem Tanganjikasee. Der Autor vermittelt alles Wissenswerte über 90 Arten, ihre Haltung und Pflege im Aquarium und die beigelegte DVD gewährt eindrucksvolle Einblicke in den natürlichen Lebensraum.

Hans-Joachim Herrmann
Buntbarsche des Tanganjikasees
Cichliden-Lexikon, Teil 1

288 Seiten, 290 Farbfotos, geb.
ISBN 978-3-935175-11-1

Klare Gestaltung, umfangreiche Textangaben, viele Farbfotos – das unverzichtbare Standardwerk über die Cichliden des großen zentralafrikanischen Sees und ihr bemerkenswertes Verhalten.

Aquarianer

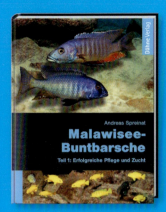

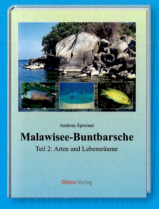

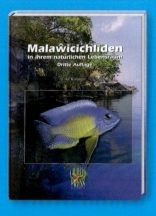

Andreas Spreinat
Malawisee-Buntbarsche
Teil 1: Erfolgreiche Haltung und Zucht

3., durchgesehene Auflage,
120 Seiten, 150 Farbfotos, geb.
ISBN 978-3-935175-10-4

Der neueste Wissensstand über Pflege und Zucht dieser beliebten Maulbrüter. Dazu viele Tipps und Tricks aus 25 Jahren praktischer Erfahrung zu Haltung, Beckeneinrichtung, Rückwandgestaltung, Wasserqualität und -hygiene sowie die richtige Zusammenstellung der Arten.

Andreas Spreinat
Malawisee-Buntbarsche
Teil 2: Arten und Lebensräume

132 Seiten, 250 Farbfotos, geb.
ISBN 978-3-935175-23-4

Verständlich und anschaulich werden der Malawisee, seine unterschiedlichen Lebensräume sowie die verschiedenen Buntbarschgruppen vorgestellt. Sämtliche Gattungen und alle aquaristisch bedeutsamen Arten sind abgebildet und charakterisiert.

Ad Konings
Malawicichliden
in ihrem natürlichen Lebensraum

3. Auflage, 352 Seiten
1.400 Farbfotos, geb.
ISBN 978-3-935175-00-5

Über 850 Arten, die nur in diesem See vorkommen, sind derzeit bekannt. Die dritte Auflage wurde völlig neu überarbeitet und enthält Beschreibungen und Fotos von mehr Arten als je zuvor. Fast alle Fotos wurden im See aufgenommen und zeigen die Fische in ihrem natürlichen Lebensraum.

Andreas Spreinat/Erich Müller
Faszination Malawisee
Teil 1-3

DVD-Box, ca. 135 Min.
ISBN 978-3-935175-54-8

Begleiten Sie Andreas Spreinat und Erich Müller auf ihren abenteuerlichen Reisen zu diesem faszinierenden See Ostafrikas. Einzigartige Filmaufnahmen vermitteln Einblicke in die vielfältige und farbenprächtige Unterwasserwelt des Malawisees. Begegnen Sie bekannten und beliebten Aquarienfischen in ihrem natürlichen Lebensraum.

Dähne Verlag *Ich weiß.*

Dähne Verlag GmbH
Postfach 10 02 50
76256 Ettlingen
Tel. +49 / 72 43 / 575-143
Fax +49 / 72 43 / 575-100

Aquaristik

Das Magazin für aktuelle Süßwasserpraxis

6 x jährlich das reich bebilderte Fachmagazin für Süßwasser-Aquarianer mit

- Praxistipps für erfolgreiche Pflege und Zucht
- anregenden Reiseberichten aus aller Welt
- aktuellen Berichten aus der Aquaristikszene
- Veranstaltungen und praktischem Rat
- neuer Aquarientechnik, Fischen und Pflanzen

Einfach per Telefon oder online bestellen
LeserService 0 72 43/575-143
service@daehne.de • www.aquaristik-online.de

die begeistert!

Dähne Verlag — Ich weiß.

Dähne Verlag GmbH
Postfach 10 02 50
76256 Ettlingen
Tel. +49 / 72 43 / 575-143
Fax +49 / 72 43 / 575-100

Die praktischen Fibeln

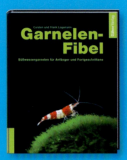

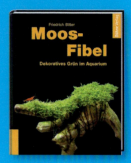

Friedrich Bitter
Moos-Fibel
Dekoratives Grün im Aquarium

96 Seiten, 210 Farbfotos, geb.
ISBN 978-3-935175-50-0

In diesem reich bebilderten Buch werden erstmals die speziell im Hobby vorhandene Moose vorgestellt und ihre Grundbedürfnisse erklärt. Darüber hinaus gibt es eine Vielzahl kreativer Anregungen zur praktischen Gestaltung mit Moos im Aquarium.

Carsten und Frank Logemann
Garnelen-Fibel
Süßwassergarnelen für Anfänger und Fortgeschrittene

3. Auflage, 92 Seiten, 150 Farbfotos, geb.,
ISBN 978-3-935175-38-8

Die Autoren haben in dieser Grundlagenfibel alles notwendige Wissen über Haltung und Pflege, Einrichtung des Aquariums, Technik, Futter, Paarung und Vermehrung sowie Krankheiten zusammengetragen und äußerst unterhaltsam und anschaulich dargestellt.

Harro Hieronimus
Aquarientechnik-Fibel
Wie funktioniert's und was ist notwendig?

96 Seiten, 170 Farbfotos, geb.
ISBN 978-3-935175-49-4

Ohne die richtige Technik kein attraktives Aquarium. Aber das Angebot ist vielfältig und beinahe unüberschaubar. Diese Grundlagenfibel zeigt sehr übersichtlich die Unterschiede der angebotenen Systeme und Hilfsmittel und sagt, wie sie funktionieren und was sinnvoll und notwendig ist.

Friedrich Bitter
Schnecken-Fibel
Attraktive und nützliche Tiere im Süßwasseraquarium

92 Seiten, 200 Farbfotos, geb.
ISBN 978-3-935175-45-6

In dieser Grundlagenfibel hat der Autor das gesamte notwendige Basiswissen über diese faszinierenden Wirbellosen zusammengetragen und stellt in nie gekannter Vielfalt die verschiedenen Gattungen und ihre Besonderheiten vor.

Chris Lukhaup / Reinhard Pekny (Hrsg.)
Nano-Fibel
Faszinierende Mini-Aquarien für Einsteiger

92 Seiten, 200 Farbfotos, geb.
ISBN 978-3-935175-44-9

Ein fachkundiges Autorenteam zeigt, wie faszinierend ein Aquarium von 10 bis 50 Litern aussehen kann. Ob Pflanzen, Garnelen, Krebse, Schnecken, Fische oder technische Voraussetzungen. In dieser Fibel finden Sie leicht verständlich und reich bebildert alle wichtigen Infos und Tipps.

für Einsteiger und Profis

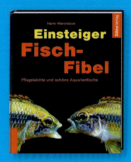

Harro Hieronimus
Einsteiger Fisch-Fibel
Pflegeleichte und schöne Aquarienfische

96 Seiten, 270 Farbfotos, geb.
ISBN 978-3-935175-52-4

Die pflegeleichtesten und schönsten Fische für den Einstieg in die Aquaristik. Praktische Haltungstipps, Hinweise zur Aquarienausstattung und zur richtigen Vergesellschaftung.

Ingo Seidel
Hypancistrus-Fibel
96 Seiten, ca. 150 Farbfotos, geb.
ISBN 978-3-935175-61-6

Informativ, und mit vielen ausgezeichneten Fotos versehen, bringt dieser Band eine kompakte Übersicht über diese faszinierenden Harnischwelse.

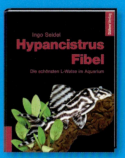

Wolfgang Staeck
Schneckenbuntbarsch-Fibel
96 Seiten, ca. 180 Farbfotos, geb.
ISBN 978-3-935175-62-3

Diese Fibel gibt einen Überblick über die bekanntesten Arten, beschreibt ihre Lebensweise, Sozialverhalten, Brutpflege und ihre Ansprüche an das Aquarium.

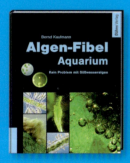

Bernd Kaufmann
Algen-Fibel Aquarium
Kein Problem mit Süßwasseralgen

96 Seiten, ca. 200 Farbfotos, geb.
ISBN 978-3-935175-56-2

Algen müssen kein dauerhaftes Problem sein. Der Autor hilft Algenarten zu erkennen und gibt praktische Tipps für die effektive Bekämpfung.

Alexandra Behrendt
Aquarien-Fibel für Kids
96 Seiten, ca. 180 Farbfotos, geb.
ISBN 978-3-935175-55-5

Leicht verständlich und toll bebildert gibt Alexandra Behrendt super Tipps und Hinweise, die wirklich funktionieren. So wird Aquaristik kinderleicht!

Dähne Verlag
Ich weiß.

Dähne Verlag GmbH
Postfach 10 02 50
76256 Ettlingen
Tel. +49 / 72 43 / 575-143
Fax +49 / 72 43 / 575-100